LIDERANÇA
EM
ASCENSÃO

O CAMINHO PARA A INSPIRAÇÃO E O SUCESSO

Editora Appris Ltda.
1.ª Edição - Copyright© 2025 dos autores
Direitos de Edição Reservados à Editora Appris Ltda.

Nenhuma parte desta obra poderá ser utilizada indevidamente, sem estar de acordo com a Lei nº
9.610/98. Se incorreções forem encontradas, serão de exclusiva responsabilidade de seus organi-
zadores. Foi realizado o Depósito Legal na Fundação Biblioteca Nacional, de acordo com as Leis nos
10.994, de 14/12/2004, e 12.192, de 14/01/2010.

Catalogação na Fonte
Elaborado por: Dayanne Leal Souza
Bibliotecária CRB 9/2162

G963l 2025	Guimarães, Fábio F. S. Liderança em ascensão: o caminho para a inspiração e o sucesso / Fábio F. S. Guimarães. – 1. ed. – Curitiba: Appris, 2025. 252 p. ; 23 cm. Inclui referências. ISBN 978-65-250-7679-9 1. Liderança. 2. Sucesso. 3. Inspiração. 4. Administração de pessoal. I. Título.
	CDD – 658.4092

Livro de acordo com a normalização técnica da ABNT

Appris editora

Editora e Livraria Appris Ltda.
Av. Manoel Ribas, 2265 – Mercês
Curitiba/PR – CEP: 80810-002
Tel. (41) 3156 - 4731
www.editoraappris.com.br

Printed in Brazil
Impresso no Brasil

FÁBIO F. S. GUIMARÃES

LIDERANÇA
EM
ASCENSÃO

O CAMINHO PARA A INSPIRAÇÃO E O SUCESSO

Appris
editora

Curitiba, PR
2025

FICHA TÉCNICA

EDITORIAL	Augusto V. de A. Coelho
	Sara C. de Andrade Coelho
COMITÊ EDITORIAL	Ana El Achkar (Universo/RJ)
	Andréa Barbosa Gouveia (UFPR)
	Jacques de Lima Ferreira (UNOESC)
	Marília Andrade Torales Campos (UFPR)
	Patrícia L. Torres (PUCPR)
	Roberta Ecleide Kelly (NEPE)
	Toni Reis (UP)
CONSULTORES	Luiz Carlos Oliveira
	Maria Tereza R. Pahl
	Marli C. de Andrade
SUPERVISORA EDITORIAL	Renata C. Lopes
PRODUÇÃO EDITORIAL	Bruna Holmen
REVISÃO	José Bernardo
DIAGRAMAÇÃO	Bruno Ferreira Nascimento
CAPA	Kananda Ferreira
REVISÃO DE PROVA	Ana Castro

A verdadeira essência da liderança está em guiar os outros com humildade, inspirá-los com propósito e elevar todos ao redor através do exemplo.

(John C. Maxwell)

AGRADECIMENTOS

Este livro é fruto de muitas jornadas, aprendizados e colaborações, e não seria possível sem o apoio de tantas pessoas incríveis.

Primeiramente, agradeço a meu pai, Valter Guimarães, que me ensinou o valor da resiliência, do caráter e da empatia — qualidades que considero essenciais para qualquer líder. Você é minha maior inspiração e motivação.

Agradeço às minhas filhas, cujos olhares de esperança e alegria foram refúgio para muitos dias ruins e conturbados que passei.

À minha esposa, que muitas vezes adormeceu sozinha a me esperar, enquanto eu estava mergulhado em lições e pensamentos. Este livro é, em especial, para você.

Aos meus amigos e mentores, cujos conselhos e experiências foram fundamentais para moldar minhas ideias sobre liderança. Sua sabedoria e generosidade em compartilhar seus conhecimentos fizeram toda a diferença.

Agradeço profundamente às equipes e aos colaboradores com quem tive e tenho o privilégio de trabalhar ao longo dos anos. Cada desafio e sucesso compartilhado foi uma oportunidade de crescimento, e cada um de vocês desempenhou um papel importante em minha jornada.

Por fim, agradeço a você, leitor, por embarcar nesta jornada de aprendizado e descoberta. Que este livro sirva de guia em sua caminhada rumo à liderança autêntica e ao sucesso.

*Aos líderes em ascensão que ousam sonhar, inspirar e transformar.
Que veem o futuro não como um desafio a temer,
mas como uma oportunidade para crescer.*

*A todos aqueles que acreditam no poder transformador da liderança
autêntica, que veem no seu propósito a força para impactar vidas.*

*Este livro é para vocês, que acreditam no poder da liderança com
propósito e coração. Além do espírito transformador e incentivador que
todo líder pode exercer sobre a vida dos liderados.*

*Dedico este livro também aos líderes de hoje e de amanhã, que,
por meio de suas jornadas, mostram que a verdadeira liderança começa
dentro de cada um de nós.*

*Aos mentores que nos guiam, às equipes que confiam em nós,
e a cada pessoa que busca crescer, transformar e inspirar.
Que este livro sirva como uma bússola em sua trajetória de liderança e sucesso.*

Com gratidão e esperança no futuro!

APRESENTAÇÃO

Em um mundo em constante transformação, a liderança nunca foi tão essencial. Organizações enfrentam desafios crescentes, desde a inovação tecnológica até a diversidade cultural e as mudanças nas expectativas dos colaboradores. Para navegar por essas águas turbulentas, surge a necessidade de líderes que não apenas alcancem resultados, mas que inspirem e conduzam suas equipes com visão, empatia e propósito.

Liderança em ascensão: o caminho para a inspiração e o sucesso é um convite para explorar as profundezas da verdadeira liderança. Diferentemente das abordagens tradicionais, este livro enfatiza que a liderança não é simplesmente uma questão de posição ou autoridade. Ela nasce da capacidade de influenciar positivamente, de servir de guia em momentos de incerteza e de inspirar a mudança.

Ao longo dos capítulos, você será desafiado a olhar para dentro de si, a encontrar sua própria voz como líder e a desenvolver uma mentalidade de crescimento contínuo. Descobrirá que a chave para o sucesso não está em técnicas ou fórmulas, mas em cultivar um senso claro de propósito e valores que possam inspirar aqueles ao seu redor.

Este livro oferece *insights* práticos e profundos sobre como criar conexões autênticas, construir confiança e liderar com integridade.

Além disso, ao explorar histórias reais de grandes líderes como Nelson Mandela, Indra Nooyi, Luiza Trajano Donato e Satya Nadella, você perceberá que, apesar das diferentes trajetórias e estilos, o que une os grandes líderes é a capacidade de equilibrar ambição com humildade, tomar decisões difíceis e acima de tudo, ser uma força de transformação positiva.

Seja você um líder em ascensão, um gestor experiente ou alguém que deseja compreender melhor o papel da liderança no mundo atual, este livro será seu companheiro em uma jornada de descoberta e autodesenvolvimento. Prepare-se para transformar não apenas sua forma de liderar, mas também a forma como você vê o mundo ao seu redor.

Bem-vindo à *Liderança em ascensão: o caminho para a inspiração e o sucesso*, em que o sucesso é mais do que alcançar metas, é inspirar outros a crescerem ao longo do caminho.

PREFÁCIO

Em sua obra, Fábio F. S. Guimarães compartilha valiosos conhecimentos práticos e acadêmicos para o alcance da excelência na liderança de pessoas e equipes

Em Liderança em ascensão: o caminho para a inspiração e o sucesso, Fábio F. S. Guimarães dá uma verdadeira aula para aqueles que buscam entender o melhor caminho para chegar ao tão almejado sucesso na liderança de pessoas e equipes.

Neste seu livro, Fábio se embasa em toda a experiência pessoal, acadêmica e profissional acumulada durante anos de vivência nos ramos industrial e comercial, visando contribuir com quem está buscando — como líder — desenvolvimento profissional e, por que não, crescimento hierárquico.

Fábio busca compartilhar o conhecimento que adquiriu a partir de observação atenta, leituras reflexivas, viagens e, principalmente, alta validação pragmática como líder de chão de fábrica, de pisos de supermercados e em grupos voluntários.

Enfim, neste seu lançamento, assume o compromisso em compartilhar o conhecimento adquirido, dividindo-o com o próximo, para que todos busquem o melhor de si. Por meio de capítulos que podem ser lidos em sequência ou em ordem aleatória, o conhecimento teórico e prático do Fábio agrega ao leitor verdadeiros *insights* para o cotidiano de líderes em busca da eficácia.

Vale aqui lembrar que, na atual "sociedade do conhecimento", a sociedade pós-capitalista, aquela em que os ativos "intangíveis" (conhecimento, expertise etc.) são tão ou mais importantes do que os "tangíveis" (equipamentos, dinheiro, instalações civis, matéria-prima, mão de obra etc.), o conhecimento é o principal fator de produção, de agregação de valor, produtividade e crescimento econômico.

Assim, cada vez mais, a expressão "mão de obra" vem sendo substituída por "cérebro de obra", caindo por terra a ideologia da "exploração da mão de obra pelo capital", pois, há tempo, o conhecimento é que vem conseguindo "explorar o capital". Sim, quem tem uma ideia, um *software* ou uma tecnologia vem impondo o seu valor (US$) a líderes e empresários (donos do capital).

Essa "reinvenção" do comportamento socioeconômico dos últimos anos trouxe consigo transformações importantes, em especial, no que concerne à liderança nas empresas, devido ao desafio de ela ter que ser encaixada nessa nova realidade, muito mais dinâmica e complexa.

Como citado, observa-se um movimento de inversão na relação entre líder e liderado, que reflete um cenário em que existe alta disponibilidade de vagas para um número cada vez mais escasso de profissionais.

Tudo pela nova perspectiva para o trabalhador da "Sociedade do Conhecimento", que busca muito mais do que um salário alto e crescimento na carreira. Agora, prioriza-se o propósito e a "humanização" das relações, pautadas pelo respeito e a colaboração, além de saúde, bem-estar e qualidade de vida.

Atualmente, os colaboradores ditam as regras em um jogo no qual, antes, as lideranças eram as "donas da bola". E isso reorganiza as relações de trabalho, determina outras prioridades e traz novas perspectivas, que devem ser absorvidas o quanto antes pelos líderes, para, a partir dessa lógica, atrair e reter talentos, objetivando que suas empresas continuem competitivas no mercado.

Em resumo, os atuais "cérebros de obra", os profissionais da "Sociedade do Conhecimento", têm buscado um ambiente flexível e com uma cultura humanizada, em que possam se desenvolver de forma plena e se conectar ao trabalho de maneira genuína.

Ou seja, longe da condição histórica de "mão de obra", os profissionais atuais desejam ser protagonistas, tendo tudo em "suas mãos", não mais nas dos seus líderes e empregadores.

Fábio, que seu entusiasmo pela escrita seja eterno ao longo da sua jornada, inspirando inúmeras pessoas. Quero parabenizar-lhe por essa realização e torcer para que muitas outras obras ainda venham.

Emílio da Silva Neto
Doutor em Engenharia pela Universidade Federal de Santa Catarina (UFSC),
com pós-doutorado pelo Instituto Politécnico de Porto, Mamede de Infesta, Portugal.
Ex-professor de Engenharia da UFSC
Ex-diretor superintendente da WEG
Cofundador da Arco-Íris Alimentos
Cofundador da FECIAL Agroindústria
Conselheiro e consultor empresarial familiar
Qualificando a orientador e professor da Fundação Dom Cabral (FDC)
Consultor, Instrutor e Auditor do Instituto Evaldo Lodi (IEL)

SUMÁRIO

DEZ MANEIRAS DE APROVEITAR AO MÁXIMO AS LIÇÕES DESTE LIVRO ..25

CAPÍTULO 1: O DESPERTAR DA LIDERANÇA INTERIOR

1.1 A importância do autoconhecimento...29

1.2 Descobrindo seu propósito..30

1.3 Fortalecendo seus valores pessoais 31

1.4 Influenciando a si mesmo antes de liderar os outros 31

CAPÍTULO 2: A JORNADA DA AUTENTICIDADE

2.1 O que significa ser um líder autêntico......................................35

2.2 Alinhando suas ações com suas crenças 36

2.3 Como construir confiança por meio da transparência...................36

2.4 Vencendo o medo de mostrar vulnerabilidade 37

CAPÍTULO 3: PROPÓSITO E IMPACTO

3.1 Liderança guiada por propósito..41

3.2 Como identificar o impacto que você quer criar 42

3.3 Inspirando outros com sua visão 43

3.4 Criando um legado duradouro..43

CAPÍTULO 4: A IMPORTÂNCIA DA EMPATIA

4.1 Como a empatia aumenta a conexão com sua equipe 47

4.2 Escuta ativa como ferramenta de liderança 48

4.3 Compreendendo diferentes perspectivas 49

4.4 Lidando com conflitos com empatia 49

CAPÍTULO 5: DELEGAÇÃO INTELIGENTE

5.1 A arte de delegar com confiança....................................53

5.2 Identificando as forças da equipe 54

5.3 Como delegar sem perder o controle 55

5.4 Acompanhamento: garantindo que o trabalho seja concluído 55

CAPÍTULO 6: TOMANDO DECISÕES COM CORAGEM

6.1 A liderança em momentos de incerteza.......................59

6.2 Como fazer decisões rápidas e eficazes.......................60

6.3 O papel da coragem na liderança 61

6.4 Vencendo o medo de errar 61

CAPÍTULO 7: LIDERANÇA EM TEMPOS DE CRISE

7.1 Mantendo a calma sob pressão 65

7.2 Tomando decisões críticas em crises...........................66

7.3 Liderança proativa e responsiva.................................67

7.4 Como guiar sua equipe em tempos difíceis 68

CAPÍTULO 8: ADAPTABILIDADE E FLEXIBILIDADE

8.1 Navegando em um ambiente em mudança....................71

8.2 Como se adaptar rapidamente a novos cenários 72

8.3 Flexibilidade mental na liderança...............................73

8.4 Inovação como chave para a resiliência 74

CAPÍTULO 9: COMUNICAÇÃO INSPIRADORA

9.1 A Importância da clareza na comunicação 79

9.2 Como inspirar por meio das palavras 80

9.3 Criando mensagens que movem pessoas....................81

9.4 Ouvir com intenção: a chave para comunicar eficazmente 82

CAPÍTULO 10: LIDERANÇA SERVIDORA

10.1 O conceito de liderança servidora 87

10.2 Como colocar as necessidades da equipe em primeiro lugar 88

10.3 O impacto da liderança servidora no crescimento da organização 89

10.4 Como ser um exemplo de humildade e serviço 90

CAPÍTULO 11: O PODER DA VISÃO

11.1 Construindo uma visão clara para sua equipe 95

11.2 Como fazer os outros acreditarem na sua visão 96

11.3 Comunicando sua visão de forma inspiradora 97

11.4 Transformando visão em ação 98

CAPÍTULO 12: CULTURA ORGANIZACIONAL E LIDERANÇA

12.1 Como a cultura molda o comportamento da equipe 103

12.2 Liderança na criação de uma cultura positiva 104

12.3 Ferramentas para cultivar uma cultura saudável 105

12.4 A importância de uma cultura inclusiva 106

CAPÍTULO 13: DIVERSIDADE E INCLUSÃO

13.1 A importância de liderar uma equipe diversa 111

13.2 Como valorizar diferentes etnias, religiões e costumes 112

13.3 Criando um ambiente inclusivo 113

13.4 Lidando com preconceitos de forma construtiva 114

CAPÍTULO 14: LIDERANÇA E INTELIGÊNCIA EMOCIONAL

14.1 O papel da inteligência emocional na liderança 119

14.2 Como gerenciar suas emoções para tomar decisões eficientes 120

14.3 Reconhecendo e respeitando as emoções dos outros 121

14.4 Técnicas para melhorar sua inteligência emocional 122

CAPÍTULO 15: INSPIRANDO E MOTIVANDO SUA EQUIPE

15.1 Como manter a motivação elevada. 127

15.2 Reconhecendo o potencial da sua equipe. 128

15.3 Criando um ambiente de trabalho inspirador. 129

15.4 Celebrando pequenas vitórias. 130

CAPÍTULO 16: LIDERANDO COM INTEGRIDADE

16.1 O valor da ética na liderança 133

16.2 Como tomar decisões com integridade 134

16.3 A importância de ser um exemplo de conduta. 135

16.4 Vencendo pressões para comprometer seus valores 136

CAPÍTULO 17: RESILIÊNCIA E PERSEVERANÇA

17.1 Como superar desafios na liderança 139

17.2 Aprendendo com os fracassos 140

17.3 Construindo resiliência na sua equipe 141

17.4 Mantendo a perseverança mesmo em situações difíceis. 142

CAPÍTULO 18: DESENVOLVIMENTO CONTÍNUO

18.1 A importância do crescimento pessoal e profissional. 145

18.2 Como criar um plano de desenvolvimento pessoal 146

18.3 Buscando mentorias e *feedback*. 147

18.4 Cultivando uma mentalidade de aprendizagem contínua 148

CAPÍTULO 19: O PAPEL DO *FEEDBACK*

19.1 Como dar *feedback* construtivo. 151

19.2 Receber *feedback* com humildade. 152

19.3 Usando o *feedback* para melhorar a performance 153

19.4 A cultura de *feedback* contínuo. 154

CAPÍTULO 20: ÉTICA NO AMBIENTE DE TRABALHO

20.1 Lidando com dilemas éticos 157

20.2 Promovendo um ambiente ético 158

20.3 O impacto de decisões éticas na cultura organizacional 159

20.4 A importância de transparência e justiça............................. 160

CAPÍTULO 21: DESENVOLVENDO LÍDERES FUTURAMENTE

21.1 Como identificar talentos na equipe 163

21.2 Criando programas de mentoria e *coaching*......................... 164

21.3 Empoderando novos líderes 165

21.4 Sucessão de liderança com continuidade............................. 166

CAPÍTULO 22: COMUNICAÇÃO NÃO VERBAL NA LIDERANÇA

22.1 A importância da postura na liderança................................ 169

22.2 Expressões faciais e o impacto na comunicação 170

22.3 O poder do silêncio na comunicação 171

22.4 Como aderir a uma linguagem corporal positiva 172

CAPÍTULO 23: DELEGAÇÃO EFICAZ

23.1 Identificando as tarefas que podem ser delegadas.................... 175

23.2 Construindo a confiança na equipe para delegar 176

23.3 Monitoramento e *feedback* na delegação............................ 177

23.4 Delegação como forma de desenvolvimento.......................... 178

CAPÍTULO 24: A ARTE DA NEGOCIAÇÃO

24.1 Técnicas de negociação na liderança................................. 181

24.2 Como alcançar soluções ganha-ganha 182

24.3 Lidando com conflitos em negociações............................... 183

24.4 Usando a comunicação eficaz para negociar 184

CAPÍTULO 25: O LÍDER COMO INSPIRADOR

25.1 Como ser uma fonte de inspiração. 187

25.2 Criando uma cultura inspiradora 188

25.3 O poder do reconhecimento na motivação. 189

25.4 Usando exemplos pessoais para inspirar 190

CAPÍTULO 26: GESTÃO DO TEMPO E PRODUTIVIDADE

26.1 Como gerenciar o tempo de forma eficaz 195

26.2 Ferramentas para aumentar sua produtividade. 196

26.3 Priorização de tarefas e delegação. 197

26.4 Balanceando responsabilidades com eficiência 198

CAPÍTULO 27: CRIATIVIDADE E INOVAÇÃO

27.1 Como incentivar a criatividade na equipe 201

27.2 Criando um ambiente propício para a inovação 202

27.3 Abraçando ideias disruptivas 203

27.4 Inovação como uma ferramenta para a sustentabilidade. 204

CAPÍTULO 28: GESTÃO DE MUDANÇAS

28.1 Preparando a equipe para mudanças 209

28.2 Como liderar durante transformações organizacionais 210

28.3 Superando resistências à mudança 211

28.4 Usando a mudança para impulsionar o crescimento 212

CAPÍTULO 29: O PAPEL DA CONFIANÇA NA LIDERANÇA

29.1 Construindo confiança com sua equipe. 217

29.2 O impacto da transparência na confiança 218

29.3 Mantendo a confiança em situações de crise 219

29.4 Como recuperar a confiança quando perdida. 220

CAPÍTULO 30: O LEGADO DA LIDERANÇA

30.1 Criando um legado 223

30.2 Definindo sua visão de futuro 224

30.3 Desenvolvimento de pessoas e cultivo de novos líderes 224

30.4 Estabelecendo valores duradouros 225

30. 5 Promovendo mudanças sustentáveis 226

30.6 Inspirando pelo exemplo 226

LÍDER: QUAL É SEU PAPEL NA REDUÇÃO DO *TURNOVER*

O Papel da liderança na diminuição do *turnover*.....................229

A natureza do *turnover* 229

O efeito do turnover nas organizações 230

A liderança eficaz como fator de retenção 231

A importância do clima organizacional 231

Liderança transformacional e a redução do *turnover* 232

Desafios e oportunidades na implementação de práticas de liderança eficazes .. 233

LIDERANÇA: AUTÊNTICA E A NEUROCIÊNCIA

LIDERANÇA AUTÊNTICA E A NEUROCIÊNCIA 235

CONSIDERAÇÕES FINAIS 237

GLOSSÁRIO 239

REFERÊNCIAS 241

APÊNDICES

APÊNDICE A: EXERCÍCIOS DE AUTOCONHECIMENTO PARA LÍDERES..245

APÊNDICE B: DINÂMICAS PARA DESENVOLVIMENTO DE EQUIPE 246

APÊNDICE C: MODELOS DE COMUNICAÇÃO EFICAZ 247

APÊNDICE D: FERRAMENTAS PARA RESOLUÇÃO DE CONFLITOS.....248

APÊNDICE E: RECURSOS ADICIONAIS PARA ESTUDO E APLICAÇÃO ..249

DEZ MANEIRAS DE APROVEITAR AO MÁXIMO AS LIÇÕES DESTE LIVRO

1. PRATIQUE A AUTORREFLEXÃO REGULARMENTE

Reserve momentos para refletir sobre suas próprias atitudes e comportamentos como líder. Pergunte-se: estou liderando com empatia? Como posso melhorar minha comunicação e delegação? A autorreflexão ajuda a identificar áreas de crescimento e consolida as lições aprendidas.

2. APLIQUE AS LIÇÕES DE DIVERSIDADE NO SEU AMBIENTE

Incorpore os princípios de inclusão e respeito às diferenças culturais em sua equipe. Organize discussões e *workshops* para incentivar a troca de experiências, promovendo um ambiente mais colaborativo e inovador.

3. ESTABELEÇA OBJETIVOS DE CURTO E LONGO PRAZO

Com base nas estratégias de liderança discutidas no livro, defina metas específicas para melhorar sua performance como líder.

Por exemplo, estabeleça um objetivo de delegar mais tarefas ou aumentar o número de sessões de *feedback* construtivo.

4. IMPLEMENTE *FEEDBACK* CONSTRUTIVO IMEDIATAMENTE

Pratique o *feedback* honesto e construtivo com seus colaboradores. Ao adotar a abordagem descrita no livro, você cria um ciclo de melhoria contínua, ajudando sua equipe a crescer e fortalecer a confiança mútua.

5. DESENVOLVA UMA CULTURA DE EMPATIA

Use os ensinamentos sobre empatia para transformar a cultura de sua equipe. Seja o líder que entende os desafios pessoais e profissionais dos seus colaboradores, oferecendo suporte emocional quando necessário.

6. DELEGUE COM PROPÓSITO

Comece a aplicar as técnicas de delegação de maneira consciente. Entenda as habilidades e interesses individuais de sua equipe e atribua responsabilidades que correspondam a essas qualidades, permitindo que os colaboradores se sintam valorizados e desafiados.

7. CRIE UM AMBIENTE SEGURO PARA O CRESCIMENTO

Fomente um ambiente de trabalho onde os colaboradores se sintam seguros para expressar ideias e assumir riscos. Ao criar esse espaço, você incentiva a criatividade e o crescimento da equipe, alinhado ao princípio de liderança autêntica.

8. CULTIVE RELACIONAMENTOS DE CONFIANÇA

Utilize as estratégias de relacionamento abordadas no livro para fortalecer os laços com seus colegas e subordinados. A confiança é o alicerce de uma equipe de alto desempenho, e esse fortalecimento depende de comunicação aberta e respeito mútuo.

9. ESTUDE CASOS REAIS E PRATIQUE SOLUÇÕES

Releia as histórias inspiradoras do livro e identifique maneiras de aplicar soluções semelhantes aos desafios que enfrenta em sua organização. Use essas histórias como modelos para a resolução de conflitos e tomada de decisões.

10. SEJA UM MENTOR E COMPARTILHE O CONHECIMENTO

Uma das melhores formas de consolidar o aprendizado é ensinando. Mentoreie outros líderes em ascensão, compartilhe os *insights* que você absorveu do livro e ajude-os a desenvolver suas habilidades de liderança, criando um ciclo de crescimento mútuo.

Essas dicas não apenas maximizam seu aproveitamento das lições contidas no livro, mas também garantem que você se torne um líder mais eficaz, empático e transformador, ajudando sua equipe e sua organização a alcançar novos níveis de sucesso.

CAPÍTULO
1
O DESPERTAR DA LIDERANÇA INTERIOR

1.1 A IMPORTÂNCIA DO AUTOCONHECIMENTO

O primeiro passo para se tornar um líder de sucesso é o autoconhecimento. Muitas vezes, a palavra "liderança" é associada a títulos, *status* ou poder, mas, na verdade, a liderança começa com um profundo entendimento de quem você é. Só quando você conhece suas próprias forças, fraquezas, motivações e limitações é que pode começar a exercer uma liderança verdadeira e inspiradora.

O autoconhecimento envolve fazer uma pausa e refletir sobre suas próprias emoções, reações e comportamentos. Isso pode ser um processo desafiador, pois exige honestidade e vulnerabilidade, algo que muitos líderes podem evitar. No entanto, os melhores líderes são aqueles que reconhecem suas falhas e trabalham continuamente para melhorar. Eles não buscam ser perfeitos, mas autênticos.

Uma prática útil para cultivar o autoconhecimento é reservar tempo para a autoavaliação regular. Pergunte-se: quais são minhas áreas fortes? Quais são as situações que me fazem perder o controle? Que tipo de *feedback* recebo regularmente de colegas e superiores? Ao responder honestamente a essas perguntas, você começa a entender melhor suas motivações e a moldar sua liderança de acordo com seus valores mais profundos.

Além disso, o autoconhecimento permite que você seja mais sensível às necessidades da sua equipe. Quando um líder está ciente de suas próprias emoções e comportamentos, ele é mais capaz de reconhecer as emoções dos outros e responder de maneira eficaz. Isso cria um ambiente de trabalho onde as pessoas se sentem ouvidas e valorizadas, resultando em uma equipe mais coesa e produtiva.

1.2 DESCOBRINDO SEU PROPÓSITO

A liderança verdadeira é movida por propósito. Sem um propósito claro, o líder corre o risco de ser guiado apenas por metas de curto prazo, sem uma visão mais ampla. Quando você descobre o seu "porquê", seu propósito se torna a força motriz por trás de suas ações. Ele direciona suas decisões e comportamentos, mesmo quando os desafios surgem.

Descobrir seu propósito pode ser um processo de autoexploração profundo. Isso envolve identificar o que realmente importa para você, tanto profissional quanto pessoalmente. Pergunte a si mesmo: o que me motiva a continuar? Que tipo de impacto eu quero ter no mundo? Ao responder a essas perguntas, você começará a revelar seu propósito e a entender como ele pode orientar sua liderança.

Grandes líderes, como Nelson Mandela, são frequentemente movidos por propósitos que vão além de si mesmos. Mandela, por exemplo, foi guiado por uma visão de igualdade e justiça que o manteve firme mesmo diante das adversidades mais extremas. Quando um líder está alinhado com seu propósito, ele se torna uma fonte de inspiração para os outros, porque suas ações e decisões refletem uma coerência interna.

Além de encontrar seu propósito, é importante comunicá-lo à sua equipe. Líderes inspiradores são aqueles que conseguem articular claramente a razão por trás de suas ações, permitindo que os outros se conectem a essa visão. Quando os membros da equipe entendem o propósito do líder e compartilham dessa visão, eles estão mais propensos a se comprometer com os objetivos da organização, não apenas porque devem, mas porque querem.

1.3 FORTALECENDO SEUS VALORES PESSOAIS

Os valores pessoais são os alicerces da liderança autêntica. Quando um líder conhece e fortalece seus valores, ele está melhor preparado para tomar decisões difíceis e lidar com desafios éticos. Valores como integridade, honestidade, empatia e responsabilidade são elementos essenciais para liderar de maneira eficaz e sustentável.

Uma maneira de fortalecer seus valores pessoais é refletir sobre as situações em que você já foi testado como líder. Quais decisões você tomou que estavam alinhadas com seus valores? Em quais momentos você se desviou deles? Ao fazer esse exercício, você pode identificar padrões e se preparar para futuros desafios.

Fortalecer seus valores também significa praticar o que você prega. Um líder que valoriza a transparência, por exemplo, deve ser aberto e honesto com sua equipe, mesmo em momentos de dificuldade. Da mesma forma, um líder que valoriza a empatia deve ser capaz de escutar ativamente e oferecer suporte emocional quando necessário. Quando os valores pessoais de um líder são vividos no dia a dia, a equipe sente confiança e respeito, o que resulta em uma relação mais forte e colaborativa.

Além disso, os valores servem como um guia em situações complexas e ambíguas. Muitas vezes, os líderes enfrentam dilemas éticos ou escolhas difíceis em que as respostas não são claras. Nessas circunstâncias, os valores atuam como uma bússola moral, ajudando o líder a tomar decisões que estejam alinhadas com seus princípios e com o bem maior da equipe ou organização.

1.4 INFLUENCIANDO A SI MESMO ANTES DE LIDERAR OS OUTROS

Antes de um líder ser capaz de influenciar positivamente os outros, ele precisa ser capaz de influenciar a si mesmo. Isso envolve uma disciplina interna e um compromisso com o autocontrole. Um líder eficaz sabe gerenciar suas próprias emoções e reações antes de tentar gerenciar as dos outros. Esse autocontrole é essencial em momentos de estresse e pressão, quando as decisões precisam ser tomadas de forma clara e objetiva.

A influência começa com a mentalidade. Líderes de sucesso têm uma mentalidade de crescimento, acreditando que podem aprender e se desenvolver continuamente. Eles não se limitam pelo medo de falhar, mas veem os desafios como oportunidades de crescimento. Essa mentalidade os ajuda a manter a calma em tempos de adversidade e a motivar suas equipes a fazer o mesmo.

Além disso, influenciar a si mesmo significa criar hábitos saudáveis que apoiem seu desenvolvimento como líder. Isso pode incluir a prática regular de *mindfulness*, exercícios físicos, ou simplesmente reservar tempo para o descanso e o autocuidado. Um líder que cuida de sua saúde mental e física é capaz de se apresentar de forma mais eficaz e de inspirar sua equipe a fazer o mesmo.

Por fim, a autoinfluência está intimamente ligada ao exemplo que você dá. Quando você demonstra responsabilidade pessoal, resiliência e determinação, sua equipe naturalmente seguirá sua liderança. Como líder, você deve estar consciente de que suas ações falam mais alto do que suas palavras. Ao influenciar a si mesmo positivamente, você está criando o ambiente necessário para que sua equipe se sinta motivada e inspirada a seguir seu exemplo.

Este primeiro capítulo explora as bases da liderança autêntica e eficaz: autoconhecimento, propósito, valores e autoinfluência. Quando você começa a entender essas áreas dentro de si, está no caminho para se tornar um líder que não apenas gerencia, mas também inspira e transforma aqueles ao seu redor. Ao longo deste livro, você aprenderá a aplicar essas lições de forma prática, elevando sua liderança para novos patamares.

HISTÓRIA REAL

Em 2014, quando Satya Nadella assumiu o cargo de CEO da Microsoft, a empresa enfrentava sérios desafios. A gigante da tecnologia, outrora conhecida por sua inovação, começava a perder espaço para concorrentes como Google e Apple. Internamente, a cultura era considerada rígida e havia uma falta de colaboração entre os diferentes departamentos. Nadella, no entanto, entrou na organização com uma visão diferente — ele não queria apenas melhorar os resultados financeiros, mas transformar a cultura da Microsoft de dentro para fora.

LIDERANÇA EM ASCENSÃO

Desde o início, Nadella demonstrou uma liderança profundamente baseada no autoconhecimento e no propósito. Ele percebeu que, para liderar efetivamente, precisaria primeiro influenciar a si mesmo e estar alinhado com seus próprios valores. Em suas palavras, ele não queria ser apenas um CEO com foco no lucro, mas alguém que ajudasse a construir uma cultura de aprendizado e empatia.

Nadella sempre foi um defensor da "mentalidade de crescimento", uma filosofia que ele trouxe para a liderança. Ao invés de se concentrar em uma cultura de competição interna, ele encorajou a colaboração e o aprendizado contínuo. Essa abordagem veio de sua experiência pessoal. Criado na Índia e tendo que superar inúmeras adversidades, Nadella sempre acreditou no poder do aprendizado e da melhoria constante.

Ele também foi profundamente influenciado por sua vida pessoal. Ser pai de um filho com paralisia cerebral o ensinou sobre empatia, paciência e a importância de não julgar as pessoas rapidamente. Essa empatia se refletiu em seu estilo de liderança, em que ele buscava entender os membros de sua equipe e promover um ambiente de inclusão e apoio mútuo.

Com esse enfoque, Satya Nadella não apenas revitalizou a cultura da Microsoft, mas também conseguiu restaurar a posição da empresa no mercado, transformando-a em uma das companhias mais valiosas do mundo. Sua jornada ilustra perfeitamente como o despertar da liderança interior, com base no autoconhecimento e no propósito, pode ter um impacto transformador, tanto nos resultados como nas pessoas

INSIGHT PRÁTICO

Faça uma pausa e reflita sobre sua própria jornada de liderança. Reserve um tempo para realizar uma autoavaliação honesta. Aqui está um exercício prático:

1. Anote seus principais valores pessoais: quais são os princípios que orientam suas decisões? Pode ser integridade, inovação, empatia, entre outros. Identificar esses valores ajudará você a tomar decisões mais alinhadas com quem você é.

2. Escreva sobre seus pontos fortes e áreas a melhorar: Seja honesto sobre o que você faz bem como líder e onde precisa evoluir. Ao reconhecer suas fraquezas, você estará se abrindo para o aprendizado e o crescimento contínuo.

3. Reflexão sobre o propósito: Pergunte a si mesmo: "Por que eu quero liderar?". Reflita sobre o que motiva você a liderar e como isso se alinha com seu propósito maior. Isso irá ajudá-lo a direcionar suas ações e manter-se focado, mesmo diante de desafios.

Esse exercício será uma base sólida para construir sua liderança autêntica e inspiradora. Assim como Satya Nadella, ao encontrar o equilíbrio entre seu propósito e suas habilidades, você poderá liderar com confiança e empatia, transformando não apenas sua equipe, mas toda a organização.

CAPÍTULO
2
A JORNADA DA AUTENTICIDADE

2.1 O QUE SIGNIFICA SER UM LÍDER AUTÊNTICO

A autenticidade na liderança tem sido cada vez mais valorizada em ambientes corporativos. Isso porque os líderes autênticos têm a capacidade de inspirar, motivar e engajar suas equipes de maneiras profundas, construindo confiança e promovendo um ambiente de trabalho mais colaborativo. Este capítulo explora o que significa ser um líder autêntico, como alinhar suas ações com suas crenças, o impacto da transparência na construção de confiança e a importância de vencer o medo de mostrar vulnerabilidade.

Ser um líder autêntico significa ser verdadeiro consigo mesmo e com os outros. Liderança autêntica é aquela que reflete genuinamente os valores, crenças e identidade de quem a exerce. Ao contrário de líderes que buscam apenas *status* ou poder, os líderes autênticos são motivados por um desejo genuíno de fazer a diferença e impactar positivamente as pessoas ao seu redor.

A autenticidade não significa ser perfeito, mas sim ser honesto sobre quem você é, suas limitações, e estar disposto a crescer e aprender. Um líder autêntico reconhece suas falhas e tem a humildade de aceitar críticas e mudar comportamentos, quando necessário. Isso gera um ambiente de confiança, onde os membros da equipe se sentem mais confortáveis para serem eles mesmos.

Exemplos de líderes autênticos podem ser encontrados em pessoas como Nelson Mandela, que nunca escondeu suas crenças e estava disposto a sacrificar sua liberdade para defender o que considerava certo. Sua autenticidade era palpável, o que inspirou milhões ao redor do mundo a seguirem seus passos.

2.2 ALINHANDO SUAS AÇÕES COM SUAS CRENÇAS

Para ser um líder autêntico, é essencial alinhar suas ações com suas crenças. Esse alinhamento cria uma base sólida de integridade e coerência. Quando suas ações refletem seus valores, as pessoas ao seu redor percebem essa consistência e passam a confiar mais em você. Um líder que fala uma coisa, mas faz outra, rapidamente perde credibilidade e respeito.

Esse alinhamento começa com uma reflexão profunda sobre seus valores fundamentais. O que você realmente valoriza na vida e no trabalho? Quais são os princípios que guiam suas decisões? Quando você identifica esses valores, pode começar a moldar seu comportamento de acordo com eles.

Uma técnica útil para garantir que suas ações estejam alinhadas com suas crenças é revisar suas decisões regularmente. Pergunte a si mesmo: "Essa escolha reflete o que eu realmente acredito?". Se a resposta for não, considere o impacto que essa incoerência pode ter sobre sua liderança e como você pode ajustar suas ações para voltar ao alinhamento.

Um exemplo prático desse alinhamento pode ser visto na história de Howard Schultz, ex-CEO da Starbucks. Schultz sempre acreditou na importância do bem-estar dos funcionários e, como reflexo dessa crença, garantiu que a empresa oferecesse benefícios de saúde até mesmo para trabalhadores em meio período. Essa decisão foi um reflexo direto de seus valores pessoais e ajudou a fortalecer a cultura da empresa.

2.3 COMO CONSTRUIR CONFIANÇA POR MEIO DA TRANSPARÊNCIA

Transparência é uma das qualidades mais importantes de um líder autêntico. A confiança é a base de qualquer relacionamento de sucesso, e a transparência é fundamental para construir essa confiança. Quando os líderes são abertos sobre suas intenções, decisões e sentimentos, eles criam um ambiente onde a confiança pode prosperar.

Para ser transparente, os líderes precisam compartilhar tanto as boas quanto as más notícias. Isso significa ser honesto sobre os desafios que a organização enfrenta e sobre as decisões difíceis que precisam ser tomadas. Quando você é transparente, sua equipe sabe que pode confiar em você para compartilhar informações importantes e para ser honesto sobre as direções que a empresa está tomando.

A transparência também envolve a disposição de admitir erros. Os líderes que são abertos sobre seus erros, e que tomam medidas para corrigi-los, demonstram integridade e fortalecem a confiança de sua equipe.

Um exemplo de transparência eficaz vem de Satya Nadella, CEO da Microsoft. Quando Nadella assumiu o cargo, ele foi transparente sobre os desafios que a empresa enfrentava e suas intenções de transformar a cultura corporativa. Essa abertura conquistou a confiança de seus funcionários e ajudou a Microsoft a se transformar em uma organização mais colaborativa e inovadora.

2.4 VENCENDO O MEDO DE MOSTRAR VULNERABILIDADE

Um dos maiores desafios que muitos líderes enfrentam ao buscar a autenticidade é o medo de mostrar vulnerabilidade. Em muitas culturas corporativas, existe a crença de que os líderes devem ser sempre fortes, confiantes e infalíveis. No entanto, essa ideia é uma armadilha perigosa, pois impede os líderes de se conectarem verdadeiramente com suas equipes.

Mostrar vulnerabilidade significa estar disposto a admitir que você não tem todas as respostas, que você também comete erros e que está aberto a aprender com os outros. Esse ato de humildade humaniza o líder e permite que os membros da equipe se sintam mais conectados. A vulnerabilidade cria espaço para que os outros também se sintam seguros para compartilhar suas próprias dificuldades e incertezas.

Vários estudos sugerem que a vulnerabilidade pode fortalecer a liderança, pois gera empatia e confiança. Quando você compartilha suas próprias lutas e desafios, as pessoas ao seu redor percebem que você também é humano e que não está distante ou inalcançável. Isso cria uma conexão emocional mais profunda.

Brené Brown, uma pesquisadora e autora amplamente conhecida por seu trabalho sobre vulnerabilidade, afirma que "vulnerabilidade é o berço da inovação, da criatividade e da mudança". Quando os líderes se permitem ser vulneráveis, eles abrem as portas para novas ideias, abordagens criativas e uma cultura de inovação.

Um exemplo de como a vulnerabilidade pode ser uma força na liderança é o de Jacinda Ardern, ex-primeira-ministra da Nova Zelândia. Durante seu mandato, ela mostrou vulnerabilidade em várias ocasiões, como durante a pandemia de covid-19, quando admitiu que nem sempre tinha respostas prontas, mas que estava comprometida em tomar decisões informadas. Essa abordagem aumentou sua popularidade e fez com que sua liderança fosse vista como autêntica e humana.

A jornada da autenticidade na liderança não é fácil, mas é profundamente recompensadora. Ser um líder autêntico significa alinhar suas ações com suas crenças, ser transparente e construir confiança, além de superar o medo de mostrar vulnerabilidade. Essa combinação de qualidades não apenas fortalece sua liderança, mas também cria uma cultura organizacional de confiança, inovação e colaboração.

No próximo capítulo, exploraremos como os líderes podem desenvolver empatia e a importância de compreender as necessidades e perspectivas dos membros de sua equipe para uma liderança eficaz.

HISTÓRIA REAL

Ed Catmull, cofundador da Pixar e ex-presidente da Walt Disney Animation Studios, é um exemplo vivo de um líder autêntico que trilhou sua jornada com base na transparência, confiança e vulnerabilidade. A trajetória de Catmull na Pixar não foi marcada apenas por sucessos criativos, mas também por decisões desafiadoras que exigiram um alinhamento profundo entre suas crenças e ações.

Durante o processo de criação do filme *Toy Story*, a Pixar enfrentou um dos maiores desafios de sua história. A equipe tinha investido imensas horas de trabalho no projeto, mas após uma revisão crítica, Catmull percebeu que o filme não estava atendendo aos padrões de qualidade pelos quais a Pixar era conhecida. Ele tomou a difícil decisão de recomeçar quase do zero – algo raro e assustador em Hollywood, onde os prazos de lançamento são imperativos.

O mais notável nessa decisão foi a maneira como Catmull comunicou a situação à sua equipe. Ele foi transparente desde o início, explicando os problemas e a necessidade de fazer uma escolha corajosa para garantir que o filme fosse o melhor possível. Em vez de culpar alguém, ele assumiu a responsabilidade e compartilhou sua vulnerabilidade, admitindo que, embora difícil, eles precisavam seguir um novo caminho.

Essa honestidade não apenas motivou a equipe a trabalhar mais arduamente, mas também gerou uma confiança inabalável entre Catmull e seus colaboradores. A vulnerabilidade que ele mostrou ao admitir o erro e a transparência com a equipe permitiram que a Pixar saísse dessa experiência mais forte e criativa. *Toy Story 2* foi um sucesso de bilheteria e de crítica, um testemunho do poder da autenticidade na liderança.

INSIGHT PRÁTICO

Aprenda a assumir erros e liderar com transparência: Assim como Ed Catmull demonstrou ao longo de sua carreira na Pixar, a autenticidade na liderança envolve ser transparente sobre os desafios e admitir erros quando necessário. Ao comunicar de maneira aberta com sua equipe, você cria um ambiente de confiança e colaboração, onde todos sentem que fazem parte da solução.

Exercício: sempre que enfrentar um problema difícil, pergunte-se: "Como posso ser mais transparente nesta situação?". Liste os desafios abertamente para sua equipe e inclua-os no processo de solução. Isso não só gera engajamento, como também fortalece a cultura de confiança dentro da organização.

CAPÍTULO
3
PROPÓSITO E IMPACTO

3.1 LIDERANÇA GUIADA POR PROPÓSITO

O que diferencia os grandes líderes dos demais não é apenas sua capacidade de tomar decisões ou sua competência técnica, mas o fato de serem guiados por um propósito claro. Esses líderes possuem uma visão que vai além dos objetivos imediatos e buscam criar um impacto duradouro em suas equipes, nas organizações e na sociedade como um todo. Neste capítulo, exploraremos como a liderança guiada por propósito pode transformar sua jornada, identificar o impacto que você deseja criar, inspirar outros com sua visão e, por fim, como criar um legado duradouro que transcenda o tempo.

Liderar com propósito significa alinhar suas ações e decisões com algo maior do que você mesmo. Muitos líderes passam por suas carreiras focados apenas em alcançar metas financeiras, promoções ou reconhecimento pessoal. No entanto, os líderes mais respeitados e memoráveis são aqueles que lideram com um propósito claro e orientado para um impacto positivo.

Propósito não é uma ideia vaga; ele é profundamente enraizado em suas crenças e valores mais fundamentais. Para muitos, ele surge de uma pergunta simples, mas poderosa: "Por que faço o que faço?". Essa é a questão que o empurra além do superficial, para algo que oferece significado e satisfação real. Quando você encontra essa resposta, o propósito se torna o combustível que move sua liderança, mesmo em tempos de adversidade.

Um exemplo clássico de liderança guiada por propósito é o de Mahatma Gandhi. Sua liderança não foi apenas eficaz em mobilizar milhões para lutar pela independência da Índia, mas foi orientada por um propósito maior — a justiça e a não violência. Mesmo diante de imensos desafios, sua dedicação ao propósito o manteve firme, transformando a sociedade indiana e impactando o mundo.

Liderar com propósito, portanto, não só eleva sua própria motivação e resiliência, mas também serve como uma fonte de inspiração para aqueles ao seu redor. As pessoas são naturalmente atraídas por líderes que agem de acordo com valores profundos, pois isso oferece uma sensação de estabilidade e direção.

3.2 COMO IDENTIFICAR O IMPACTO QUE VOCÊ QUER CRIAR

Para ser um líder movido por propósito, você precisa primeiro identificar o impacto que deseja criar. Esta é uma jornada de introspecção e autoanálise. Pergunte a si mesmo: "O que realmente me apaixona?" e "Como eu quero deixar o mundo quando minha liderança terminar?". Essas perguntas são fundamentais para identificar o tipo de legado que você deseja construir.

Não é necessário que o impacto seja grandioso ou mundial, como o de um Gandhi ou Mandela. O impacto pode ser sentido de forma muito pessoal — pode ser sobre como você deseja transformar a vida das pessoas com quem trabalha, ou como deseja influenciar a cultura organizacional para que ela seja mais inclusiva e empática. O impacto que você deseja criar está intimamente relacionado ao seu propósito, pois ele reflete seus valores mais profundos e suas aspirações.

Uma ferramenta útil nesse processo é a criação de uma declaração de impacto. Essa declaração deve ser clara e concisa, capturando o que você espera alcançar por meio da sua liderança. Ela pode ser algo como: "Quero ajudar a construir equipes em que todos se sintam ouvidos e valorizados" ou "Quero transformar a maneira como minha organização lida com sustentabilidade". Essa clareza é o primeiro passo para transformar sua visão em realidade.

3.3 INSPIRANDO OUTROS COM SUA VISÃO

Líderes que têm um propósito claro e um impacto definido também são capazes de inspirar outros com sua visão. Essa é uma habilidade crítica, pois a liderança não é uma jornada solitária. Para realizar seu propósito e maximizar o impacto que você quer criar, é necessário que outras pessoas estejam comprometidas com sua visão.

A inspiração vem da autenticidade e da paixão. Quando você acredita profundamente no que está fazendo e comunica essa crença de forma transparente, os outros naturalmente se conectam com sua visão. Essa conexão emocional é o que transforma um líder comum em um líder inspirador.

Um dos maiores exemplos de um líder que inspirou outros com sua visão foi Martin Luther King Jr. Em seu famoso discurso *"I Have a Dream"*, ele articulou uma visão clara de um futuro em que a segregação racial não mais existisse. Sua paixão e convicção no propósito de justiça social inspiraram milhões a se unirem ao movimento dos direitos civis nos Estados Unidos. Sua visão, combinada com sua capacidade de comunicar essa visão de forma poderosa, continua a inspirar líderes em todo o mundo, décadas depois de sua morte.

Como líder, você deve se concentrar não apenas em compartilhar sua visão, mas também em conectar emocionalmente com aqueles ao seu redor. Isso pode ser feito por meio de histórias pessoais, metáforas e exemplos que ressoam com as experiências e aspirações das pessoas que você lidera. A inspiração surge quando as pessoas sentem que estão contribuindo para algo maior do que elas mesmas.

3.4 CRIANDO UM LEGADO DURADOURO

Um dos objetivos finais de qualquer líder autêntico é criar um legado que dure muito além de sua presença física na organização ou no cargo. O legado de um líder é a marca que ele deixa no mundo, nas pessoas que liderou e nas mudanças que promoveu. Para construir esse legado, é fundamental estar constantemente consciente das ações diárias e do impacto que elas estão gerando a longo prazo.

Criar um legado duradouro envolve capacitar os outros e construir uma cultura organizacional que reflita seus valores. Um líder que busca um legado positivo deve se concentrar em desenvolver futuras lideranças, garantir que sua equipe esteja preparada para continuar sua visão e criar uma estrutura organizacional que promova o propósito central de forma sustentável.

Jack Welch, ex-CEO da General Electric, é um exemplo de líder que focou no legado duradouro. Ele acreditava que seu maior impacto seria o desenvolvimento de futuros líderes dentro da empresa. Ele investiu fortemente em programas de desenvolvimento de liderança, criando uma cultura que prosperou mesmo depois de sua aposentadoria. Welch não apenas liderou com um propósito claro, mas também garantiu que o impacto de sua liderança perdurasse através das gerações que ele formou.

Criar um legado duradouro também envolve a humildade de reconhecer que o impacto que você deseja criar pode não ser realizado inteiramente durante seu mandato. Contudo, se você tiver plantado as sementes corretas — capacitando as pessoas certas, promovendo os valores certos e inspirando uma visão clara —, o impacto continuará a crescer e florescer muito tempo depois de você ter partido.

O propósito e o impacto são o cerne de uma liderança verdadeiramente transformadora. Ao identificar seu propósito, definir o impacto que deseja criar, inspirar outros com sua visão e trabalhar para construir um legado duradouro, você não apenas se tornará um líder mais eficaz, mas também deixará uma marca profunda e positiva no mundo. O próximo capítulo explora o papel da empatia na liderança, uma qualidade essencial para fortalecer as conexões humanas e guiar os outros em direção ao sucesso coletivo.

HISTÓRIA REAL

Howard Schultz, ex-CEO da Starbucks, é um exemplo poderoso de como liderança guiada por propósito pode não só transformar uma empresa, mas também criar um impacto social duradouro. A história de Schultz com a Starbucks começou nos anos 1980, quando ele visitou a Itália e se inspirou na cultura dos cafés italianos, onde o café não era apenas uma bebida, mas uma experiência comunitária. Seu propósito não era apenas vender café, mas transformar a Starbucks em um "terceiro lugar" — um espaço onde as pessoas pudessem se encontrar e socializar entre o trabalho e o lar.

LIDERANÇA EM ASCENSÃO

Essa visão foi o alicerce de sua liderança. Schultz queria criar um impacto que ia além dos resultados financeiros. Ele acreditava que os funcionários (chamados de "parceiros" na empresa) deveriam ser tratados com dignidade e respeito, oferecendo-lhes benefícios e oportunidades que eram raros na indústria de *fast food* nos EUA, como seguro de saúde para todos, incluindo os funcionários de meio período. Ele também implementou o programa de participação nos lucros, dando a todos os parceiros uma parte da empresa.

Schultz não apenas transformou a Starbucks em uma das maiores cadeias de café do mundo, mas também criou uma cultura baseada em valores fortes, como a importância do respeito e a crença no potencial de cada parceiro. Seu impacto foi sentido tanto na vida de seus funcionários quanto nas comunidades onde a Starbucks se expandiu. Sua liderança baseada em propósito garantiu que a empresa não fosse apenas um lugar para beber café, mas uma marca que refletisse seus valores em cada ação.

Quando Schultz se afastou da liderança executiva em 2000, ele deixou um legado de inovação, liderança responsável e impacto social, que continuou a moldar a Starbucks e a cultura corporativa de outras empresas ao redor do mundo.

INSIGHT PRÁTICO

Lidere com um propósito que vai além dos lucros: A história de Howard Schultz demonstra que, para criar um impacto significativo, você deve alinhar suas ações com um propósito que ressoe não apenas com você, mas com seus colaboradores e clientes. Se você deseja deixar um legado duradouro, pergunte-se como seu propósito pode melhorar a vida das pessoas ao seu redor e tornar o mundo um lugar melhor.

Exercício: defina o impacto que deseja criar na sua organização. Escreva uma declaração clara de propósito que aborde tanto as metas da empresa quanto o impacto social que você quer promover. Depois, compartilhe essa visão com sua equipe, estabelecendo metas alinhadas com esse propósito maior. Isso não apenas motivará sua equipe, mas também criará uma cultura de responsabilidade e impacto positivo.

CAPÍTULO
4
A IMPORTÂNCIA DA EMPATIA

4.1 COMO A EMPATIA AUMENTA A CONEXÃO COM SUA EQUIPE

A liderança não é apenas sobre tomar decisões estratégicas ou alcançar metas, mas sobre lidar com pessoas. No centro de uma liderança eficaz está a capacidade de entender e se conectar com as pessoas em um nível profundo. Essa conexão é mediada pela empatia. Quando os líderes demonstram empatia, eles conseguem criar ambientes de trabalho mais harmoniosos, melhorar a moral das equipes e impulsionar a produtividade. Este capítulo explorará como a empatia é uma ferramenta fundamental na liderança e como ela pode transformar a dinâmica das equipes.

Empatia é a habilidade de entender os sentimentos, necessidades e perspectivas dos outros, e essa habilidade é crucial para criar conexões verdadeiras dentro de uma equipe. Um líder empático não só compreende as emoções de seus colaboradores, mas também se esforça para agir de maneira que apoie e respeite essas emoções.

Quando os membros de uma equipe sentem que seus líderes se importam com eles de verdade, a confiança e o respeito mútuo aumentam. Essa conexão emocional fortalece o relacionamento entre líderes e liderados, criando um ambiente de trabalho onde as pessoas se sentem seguras, valorizadas e motivadas a dar o seu melhor.

Imagine, por exemplo, um colaborador passando por dificulda-des pessoais. Um líder que demonstra empatia vai além da gestão de tarefas e prazos; ele se preocupa com o bem-estar desse cola-borador e busca maneiras de apoiá-lo. Isso pode incluir ajustes de carga de trabalho ou simplesmente oferecer uma palavra de apoio. Essa abordagem fortalece os laços dentro da equipe e promove um ambiente de trabalho baseado na colaboração e no cuidado mútuo.

Além disso, equipes lideradas por líderes empáticos tendem a ser mais inovadoras e resilientes, pois as pessoas se sentem à von-tade para compartilhar ideias e levantar preocupações sem medo de julgamentos. Essa abertura resulta em soluções mais criativas e em um clima organizacional positivo.

4.2 ESCUTA ATIVA COMO FERRAMENTA DE LIDERANÇA

Uma das formas mais eficazes de demonstrar empatia é prati-car a escuta ativa. Escuta ativa significa dar atenção total ao inter-locutor, sem interrupções, julgamentos ou distrações, buscando compreender profundamente o que está sendo dito. Não se trata apenas de ouvir palavras, mas de perceber emoções e subentendidos.

Muitos líderes caem na armadilha de acreditar que a liderança se trata principalmente de falar, dar instruções e fazer apresenta-ções. No entanto, escutar ativamente é uma ferramenta de liderança essencial, porque permite que os líderes compreendam melhor suas equipes, identifiquem problemas antes que se agravem e tomem decisões mais informadas.

Escutar ativamente significa fazer perguntas esclarecedoras, parafrasear o que foi dito para garantir entendimento, e, acima de tudo, estar presente na conversa. Isso não apenas ajuda o líder a captar detalhes importantes, mas também faz com que o colabo-rador se sinta valorizado e ouvido.

Por exemplo, durante uma reunião de *feedback*, um líder empá-tico que pratica a escuta ativa não apenas absorve o que seus cola-boradores estão dizendo, mas também responde de forma que reflete sua compreensão das preocupações e sentimentos expressos. Ele pode usar frases como "Entendo que você está se sentindo frustrado com o prazo apertado" ou "Parece que você está enfrentando desa-fios com a nova ferramenta. Como posso ajudá-lo a superá-los?".

LIDERANÇA EM ASCENSÃO

A escuta ativa também promove a confiança. Quando as pessoas percebem que estão sendo genuinamente ouvidas, ficam mais dispostas a compartilhar ideias e opiniões, criando um ambiente de trabalho mais colaborativo e produtivo.

4.3 COMPREENDENDO DIFERENTES PERSPECTIVAS

Cada indivíduo tem uma experiência de vida única, moldada por sua cultura, educação, valores e crenças. Um líder eficaz é aquele que reconhece e valoriza essa diversidade de perspectivas e utiliza essa compreensão para promover uma equipe inclusiva e coesa.

Compreender diferentes perspectivas é mais do que simplesmente aceitar que cada pessoa é diferente. Trata-se de buscar ativamente entender como essas diferenças afetam a forma como as pessoas pensam, sentem e reagem às situações no ambiente de trabalho. Isso exige empatia, pois o líder deve se colocar no lugar dos outros para entender como suas experiências moldam sua visão do mundo.

Por exemplo, em uma equipe multicultural, um líder empático pode perceber que determinados comportamentos, como a hesitação em falar abertamente durante reuniões, podem estar relacionados a diferenças culturais. Em vez de interpretar isso como falta de engajamento, o líder busca compreender o contexto por trás dessas ações e adaptar sua abordagem para garantir que todos se sintam à vontade para contribuir.

Essa compreensão das diferentes perspectivas não apenas evita mal-entendidos, mas também enriquece a equipe, trazendo à tona uma ampla gama de ideias e soluções. Um ambiente onde as diferenças são respeitadas e valorizadas é mais propenso à inovação, já que múltiplas visões são levadas em consideração na tomada de decisões.

4.4 LIDANDO COM CONFLITOS COM EMPATIA

Conflitos são inevitáveis em qualquer ambiente de trabalho, e a maneira como um líder lida com esses conflitos pode determinar o clima organizacional e o desempenho da equipe. A empatia desempenha um papel crucial na mediação de conflitos, pois permite que o líder entenda os sentimentos e motivações de ambas as partes envolvidas.

Quando um líder aborda um conflito com empatia, ele evita culpar ou julgar as partes envolvidas imediatamente. Em vez disso, ele busca entender as razões subjacentes ao conflito e oferece uma solução que respeite as necessidades e preocupações de todos os envolvidos.

Por exemplo, imagine uma situação em que dois colaboradores estejam em desacordo sobre a direção de um projeto. Um líder empático não escolheria imediatamente um lado ou imporia uma solução unilateral. Em vez disso, ele reuniria ambas as partes, escutaria suas preocupações com atenção e tentaria encontrar um terreno comum. O líder pode usar perguntas como: "O que está causando essa frustração?" ou "Como podemos encontrar uma solução que funcione para todos?".

Além disso, o líder empático reconhece que os conflitos muitas vezes são emocionais. Ao validar os sentimentos das partes envolvidas e tratar essas emoções com respeito, o líder cria um espaço seguro para que as pessoas resolvam suas diferenças de forma construtiva. O resultado é uma equipe que se recupera mais rapidamente de conflitos e que sai fortalecida das adversidades.

A empatia não é uma habilidade acessória, mas uma ferramenta essencial para uma liderança eficaz. Por meio da empatia, os líderes conseguem se conectar com suas equipes em um nível profundo, promover um ambiente de trabalho inclusivo, lidar com conflitos de maneira construtiva e garantir que as vozes de todos sejam ouvidas. Ao praticar empatia diariamente, você não apenas se tornará um líder mais eficaz, mas também construirá relacionamentos mais fortes e duradouros com sua equipe, criando uma base sólida para o sucesso a longo prazo.

HISTÓRIA REAL

Quando Satya Nadella assumiu o cargo de CEO da Microsoft em 2014, a empresa estava passando por uma fase de estagnação, enfrentando desafios em inovação e cultura organizacional. Ao invés de se concentrar exclusivamente em mudanças tecnológicas

LIDERANÇA EM ASCENSÃO

ou reestruturações, Nadella decidiu colocar a empatia no centro de sua abordagem de liderança. Ele acreditava que, para revitalizar a Microsoft, era fundamental mudar a maneira como as pessoas trabalhavam juntas e tratavam umas às outras dentro da empresa.

Uma das primeiras mudanças de Nadella foi promover uma cultura de aprendizado e escuta. Ele começou a escutar seus funcionários, buscando entender suas necessidades, aspirações e frustrações. Ele também promoveu a escuta ativa entre as equipes, incentivando-as a colaborarem e a resolverem conflitos com base na empatia. Nadella acreditava que a inovação só poderia prosperar em um ambiente onde as pessoas se sentissem valorizadas e respeitadas.

A abordagem empática de Nadella também se manifestou na maneira como ele lidou com as diferenças de perspectiva dentro da Microsoft. A empresa, como uma gigante global, abrigava uma diversidade de culturas, estilos de trabalho e pontos de vista. Nadella incentivou os líderes a abraçarem essas diferenças e a buscarem maneiras de aproveitar essa diversidade para impulsionar a inovação.

Um dos momentos que mais exemplifica a empatia de Nadella foi durante a discussão sobre acessibilidade nos produtos da Microsoft. Em vez de ver isso como uma obrigação comercial, ele enxergou o valor de realmente compreender as necessidades de pessoas com deficiência. Nadella promoveu mudanças significativas nos produtos da empresa, como o Windows e o Xbox, garantindo que fossem acessíveis para todos. Isso foi motivado em parte pela experiência pessoal de Nadella, que tem um filho com paralisia cerebral, o que o fez valorizar ainda mais a importância de criar tecnologia inclusiva.

Graças à sua liderança empática, Nadella conseguiu transformar a cultura organizacional da Microsoft, que passou a ser mais colaborativa, inovadora e inclusiva. O resultado foi um ressurgimento da empresa no mercado, tornando-a novamente uma das principais forças no setor de tecnologia, com foco no desenvolvimento de soluções que beneficiam toda a sociedade.

INSIGHT PRÁTICO

Use a empatia como base para a mudança organizacional: A história de Satya Nadella na Microsoft demonstra que a empatia não é apenas uma ferramenta para melhorar relacionamentos interpessoais, mas também uma poderosa alavanca para transformação organizacional. Quando líderes colocam a empatia no centro de suas decisões, eles conseguem inspirar confiança, promover uma cultura inclusiva e impulsionar a inovação.

Exercício: pratique a escuta ativa em suas interações diárias com a equipe. Dedique tempo para ouvir as preocupações, ideias e perspectivas de seus colaboradores. Depois, reflita sobre como você pode incorporar esse *feedback* em suas decisões e na cultura organizacional.

CAPÍTULO
5
DELEGAÇÃO INTELIGENTE

5.1 A ARTE DE DELEGAR COM CONFIANÇA

Delegar é uma das habilidades mais críticas para um líder, mas também uma das mais desafiadoras. Muitos líderes hesitam em delegar, seja por medo de perder o controle, falta de confiança na equipe, ou até mesmo por acreditarem que eles mesmos podem fazer o trabalho melhor ou mais rápido. No entanto, a verdadeira liderança exige saber quando, como e para quem delegar tarefas, de forma a maximizar a eficiência e o crescimento da equipe. Delegação inteligente não significa apenas repassar tarefas, mas sim identificar os pontos fortes da equipe, dar suporte adequado e garantir o acompanhamento.

A delegação bem-sucedida começa com confiança. Para que um líder seja capaz de delegar de maneira eficaz, ele precisa confiar em sua equipe e no processo. Isso significa acreditar que as pessoas a quem você delega são capazes de lidar com as responsabilidades que lhes são atribuídas e que irão entregar resultados com qualidade.

No entanto, a confiança não é construída do dia para a noite. Ela é o resultado de interações consistentes, transparência, comunicação clara e compreensão das habilidades e limitações de cada membro da equipe. Um líder que investe tempo em conhecer seu time profundamente, saber quais são os pontos fortes de cada um, e entender as áreas em que cada pessoa pode brilhar, terá mais facilidade em delegar com confiança.

Um dos maiores desafios na arte de delegar é vencer o desejo de *micromanagement* — a tendência de controlar cada detalhe do processo. Delegar não é um sinal de fraqueza ou falta de liderança, mas sim uma forma de multiplicar os resultados ao capacitar outras pessoas. Confiança aqui significa acreditar que, ao dar espaço para que outros assumam responsabilidades, você está fortalecendo a equipe e permitindo o desenvolvimento individual.

5.2 IDENTIFICANDO AS FORÇAS DA EQUIPE

Para que a delegação seja inteligente e eficaz, é essencial que o líder tenha uma compreensão clara das forças e fraquezas de cada membro da equipe. Isso envolve não apenas o conhecimento técnico, mas também habilidades comportamentais e interpessoais. Cada colaborador possui um conjunto único de habilidades, talentos e perspectivas que podem ser aproveitados para diferentes tipos de tarefas.

Um exercício prático para ajudar nessa identificação é realizar um mapeamento das competências da equipe. Isso pode ser feito mediante avaliações formais de desempenho, *feedbacks* informais e observação atenta do dia a dia. Procure entender onde cada pessoa se destaca naturalmente e quais atividades eles executam com mais fluidez. Algumas perguntas que podem guiar esse processo incluem: "O que essa pessoa faz com facilidade e paixão?", "Quais são as tarefas que essa pessoa tende a evitar ou a enfrentar mais dificuldades?" e "Como ela reage sob pressão?"

Além disso, um líder inteligente busca alinhar as forças da equipe às necessidades da organização. Um colaborador pode ser altamente criativo e excelente em solucionar problemas, enquanto outro pode ter uma abordagem mais analítica e detalhista. O papel do líder é combinar essas habilidades de forma que cada tarefa seja delegada à pessoa certa, maximizando as chances de sucesso.

Quando um líder delega levando em conta as forças individuais, a equipe não só trabalha com mais eficiência, como também se sente mais valorizada e engajada, pois cada membro percebe que está contribuindo de acordo com suas melhores capacidades.

5.3 COMO DELEGAR SEM PERDER O CONTROLE

Um dos maiores medos dos líderes ao delegar tarefas é a sensação de que estão perdendo o controle sobre o processo. No entanto, a delegação inteligente envolve encontrar o equilíbrio entre dar autonomia à equipe e garantir que você ainda tenha visibilidade sobre o progresso.

O segredo está na comunicação clara e nos *checkpoints* estratégicos. Desde o momento em que você delega a tarefa, é importante definir expectativas com precisão. Isso inclui o prazo de entrega, o resultado esperado e os recursos disponíveis. Quanto mais detalhado for o briefing inicial, menos dúvidas surgirão ao longo do caminho, o que aumenta as chances de que o trabalho seja realizado conforme o planejado.

Uma abordagem prática para evitar a perda de controle é estabelecer momentos pré-definidos de revisão e *feedback* ao longo do processo. Esses *checkpoints* permitem que você monitore o progresso sem ser invasivo, garantindo que o trabalho esteja indo na direção correta e corrigindo eventuais desvios antes que se tornem problemas maiores. Isso não significa micro gerenciar, mas sim garantir que haja um acompanhamento saudável e proativo.

Outro ponto importante para delegar sem perder o controle é criar um canal de comunicação aberto e direto. Ao delegar uma tarefa, deixe claro que a pessoa pode (e deve) recorrer a você em caso de dúvidas, desafios ou obstáculos imprevistos. Essa abertura ajuda a evitar problemas que poderiam surgir por falta de comunicação ou entendimento.

5.4 ACOMPANHAMENTO:
GARANTINDO QUE O TRABALHO SEJA CONCLUÍDO

O ato de delegar não termina quando você repassa uma tarefa para alguém. A última etapa — e uma das mais importantes — é garantir que o trabalho seja concluído com qualidade e no tempo correto. Isso exige acompanhamento estratégico e contínuo.

Uma das melhores maneiras de garantir que o trabalho seja concluído conforme o esperado é fornecer *feedback* regular durante o processo. O acompanhamento não deve ser encarado como uma forma de controle excessivo, mas como uma oportunidade para corrigir o curso e dar suporte adicional, se necessário. Isso também ajuda a identificar precocemente qualquer sinal de que a tarefa pode estar saindo dos trilhos.

Quando o trabalho é concluído, é fundamental fazer uma avaliação final. O *feedback* após a conclusão da tarefa é tão importante quanto durante o processo, pois permite que os membros da equipe reflitam sobre o que foi bem-sucedido e onde poderiam melhorar. Além disso, esse fechamento também dá ao líder a oportunidade de reconhecer o bom trabalho, o que aumenta o engajamento e a motivação da equipe.

Ao mesmo tempo, o acompanhamento garante que as responsabilidades estejam claramente definidas. Quando há falhas no processo de delegação, muitas vezes isso se deve à falta de clareza sobre quem é responsável por cada aspecto do projeto. O líder deve deixar claro desde o início quem será responsável pela conclusão da tarefa e como o sucesso será medido.

Delegação inteligente é uma arte que envolve confiança, conhecimento profundo das forças da equipe, comunicação eficaz e acompanhamento estratégico. Quando um líder é capaz de delegar com eficiência, ele não apenas libera tempo para focar em questões mais estratégicas, como também capacita seus colaboradores a crescerem e se desenvolverem. A delegação eficaz fortalece a equipe, promove a confiança mútua e cria um ambiente onde todos se sentem responsáveis e comprometidos com o sucesso coletivo.

HISTÓRIA REAL

Jack Welch, um dos líderes empresariais mais renomados do século 20, foi CEO da General Electric (GE) de 1981 a 2001. Sob sua liderança, a GE cresceu exponencialmente, tornando-se uma das empresas mais valiosas do mundo. Uma das chaves do sucesso de Welch foi sua abordagem única à delegação e à confiança em sua equipe.

Quando Welch assumiu o cargo de CEO, ele herdou uma empresa gigante, mas também uma cultura corporativa burocrática e lenta. Ele acreditava que, para revitalizar a GE, era necessário eliminar

LIDERANÇA EM ASCENSÃO

camadas de controle e empoderar seus líderes. Welch implementou uma filosofia conhecida como "limpeza de casa", que incentivava os líderes de todas as divisões a tomarem decisões independentes e assumir a responsabilidade por seus resultados.

Ao contrário de muitos líderes que centralizam o poder, Welch delegou com confiança. Ele descentralizou a tomada de decisões e deu aos seus gerentes autonomia para inovar, encontrar soluções criativas e gerenciar suas próprias equipes de maneira eficaz. Ele também enfatizou a importância de identificar e desenvolver os pontos fortes de seus colaboradores, permitindo que aqueles com talento e visão assumissem mais responsabilidades.

Essa confiança em sua equipe foi recompensada com resultados impressionantes. Os líderes das divisões da GE sentiam-se mais motivados e comprometidos com o sucesso, pois tinham a liberdade para tomar decisões significativas e serem responsáveis por seus próprios sucessos ou fracassos. Isso criou uma cultura de alta performance, em que a inovação prosperava, e as divisões da GE operavam quase como pequenas empresas independentes dentro da gigante multinacional.

Welch também foi adepto de um sistema de acompanhamento regular, no qual ele e outros executivos realizavam revisões de desempenho trimestrais com os gerentes das divisões. Esse acompanhamento não era micro gerenciamento, mas uma maneira de garantir que os objetivos estivessem sendo cumpridos e que as metas estratégicas estavam alinhadas. Esse equilíbrio entre confiança e monitoramento foi uma parte vital do sucesso da GE sob a liderança de Jack Welch.

INSIGHT PRÁTICO

Delegue com confiança, mas acompanhe com clareza: A história de Jack Welch na GE mostra que a delegação eficaz envolve encontrar o equilíbrio entre dar autonomia e garantir um acompanhamento estruturado. Para líderes que desejam delegar de forma inteligente, o primeiro passo é confiar em sua equipe e permitir que eles assumam responsabilidades significativas. O acompanhamento não deve ser um controle rígido, mas sim uma oportunidade para monitorar o progresso e ajustar o curso quando necessário.

Exercício: escolha uma tarefa significativa que você normalmente não delegaria e identifique alguém da sua equipe que tenha potencial para assumir essa responsabilidade. Defina expectativas claras e crie *checkpoints* periódicos para revisar o progresso. Ao final do processo, forneça *feedback* construtivo, destacando o que foi bem-feito e áreas para melhoria.

CAPÍTULO
6
TOMANDO DECISÕES COM CORAGEM

6.1 A LIDERANÇA EM MOMENTOS DE INCERTEZA

Tomar decisões faz parte do trabalho diário de qualquer líder, mas o verdadeiro desafio reside em fazer escolhas certas e corajosas, principalmente em momentos de incerteza. A capacidade de tomar decisões com confiança, mesmo sem ter todas as respostas, é uma habilidade fundamental para qualquer líder eficaz. No entanto, essa habilidade é muitas vezes acompanhada pelo medo de errar, pela hesitação ou pelo desconforto diante do desconhecido.

A liderança corajosa não significa ignorar os riscos, mas sim enfrentá-los com discernimento, assumindo responsabilidades e estando disposto a lidar com as consequências. Este capítulo explora como a coragem molda a tomada de decisões e como os líderes podem superar o medo e agir de maneira decisiva.

Em momentos de incerteza, a liderança se torna ainda mais vital. Quando o cenário é volátil, ambíguo e incerto, a equipe busca em seu líder uma fonte de segurança e orientação. As pessoas esperam que seus líderes sejam capazes de tomar decisões claras, mesmo quando as informações são limitadas. No entanto, esse é um dos maiores desafios que um líder enfrenta: como decidir quando não há garantias de sucesso?

A liderança em momentos de incerteza requer coragem para assumir riscos calculados. Isso significa entender que não haverá todas as respostas e que as decisões, muitas vezes, precisam ser feitas com base em suposições, experiências passadas e intuição. Mas o verdadeiro líder é aquele que aceita essa realidade e encara a incerteza como uma oportunidade, em vez de uma ameaça.

Um dos principais erros que os líderes cometem em tempos de incerteza é procrastinar decisões cruciais, esperando por mais clareza ou informações. Embora seja prudente esperar quando necessário, há situações em que o tempo é um recurso limitado e a inação pode causar mais danos do que o erro. Portanto, o líder corajoso deve estar disposto a tomar decisões difíceis, mesmo que isso signifique enfrentar críticas ou assumir riscos.

6.2 COMO FAZER DECISÕES RÁPIDAS E EFICAZES

A habilidade de tomar decisões rápidas e eficazes é um diferencial importante em um líder. Em um ambiente corporativo onde as condições de mercado, a concorrência e as expectativas dos clientes podem mudar rapidamente, a indecisão pode custar caro. Para tomar decisões de maneira eficaz, um líder deve saber equilibrar a análise com a ação.

A primeira etapa é adquirir a maior quantidade de informações confiáveis possível, dentro de um prazo realista. No entanto, o líder eficaz sabe que nunca terá 100% das informações e, por isso, precisa desenvolver a habilidade de agir com base em dados parciais. Muitas vezes, a capacidade de discernir os elementos mais críticos de uma situação e focar neles é o que distingue um bom líder de um excelente líder.

Outra técnica importante para decisões rápidas é delegar a responsabilidade para quem tem mais expertise em determinadas áreas. Um líder não precisa ser o especialista em todos os assuntos, mas deve ser capaz de identificar quem na sua equipe possui o conhecimento necessário para fornecer conselhos ou tomar decisões bem fundamentadas.

Além disso, é essencial aprender a confiar na intuição. Embora seja importante fazer uma análise lógica, líderes experientes frequentemente confiam em seu instinto para tomar decisões rápidas em momentos de crise. Esse *"feeling"* é resultado de anos de experiência acumulada e de erros passados que ensinaram lições valiosas.

6.3 O PAPEL DA CORAGEM NA LIDERANÇA

A coragem é uma qualidade indispensável para a liderança eficaz. Sem ela, líderes são incapazes de tomar as decisões difíceis que movem as organizações adiante. O papel da coragem na liderança vai além de tomar decisões arriscadas; ela se manifesta também na disposição de defender o que é certo, mesmo quando isso pode ser impopular ou difícil.

Ser um líder corajoso significa estar preparado para enfrentar resistências, lidar com conflitos e defender valores, mesmo que isso venha acompanhado de críticas. A coragem também é demonstrada na capacidade de admitir erros. Muitos líderes temem admitir falhas por medo de parecerem fracos ou incompetentes. No entanto, a liderança corajosa envolve reconhecer os erros, aprender com eles e seguir em frente.

Outra faceta da coragem é a disposição de mudar de direção quando necessário. Líderes que não têm coragem ficam presos a decisões passadas, mesmo quando fica claro que um novo caminho seria mais benéfico. Ter a coragem de abandonar uma estratégia fracassada e tentar algo novo é uma característica dos líderes visionários.

6.4 VENCENDO O MEDO DE ERRAR

O medo de errar é uma das principais barreiras que impede os líderes de tomar decisões rápidas e corajosas. Todos os líderes, independentemente de sua experiência, têm momentos de dúvida e medo de tomar a decisão errada. No entanto, esse medo pode paralisar o progresso e impedir que a equipe avance.

Uma maneira eficaz de vencer o medo de errar é mudar a perspectiva sobre o erro. Em vez de ver o erro como um fracasso, líderes bem-sucedidos enxergam os erros como oportunidades de aprendizado. Eles criam uma cultura dentro de suas equipes em que os erros são reconhecidos, analisados e usados como base para melhorias futuras. Essa abordagem ajuda a reduzir a pressão e o estresse associados à tomada de decisões, permitindo que os líderes e suas equipes se sintam mais à vontade para experimentar e inovar.

Além disso, é importante lembrar que a liderança envolve assumir responsabilidades. Mesmo quando decisões erradas são feitas, o líder corajoso assume a responsabilidade pelos resultados e trabalha para corrigir o curso. Fugir dos erros ou culpar outros apenas mina a credibilidade e a confiança. Por outro lado, enfrentar os erros de frente e aprender com eles fortalece a confiança da equipe e promove o respeito mútuo.

Outro passo para superar o medo de errar é focar no propósito maior. Quando um líder está profundamente conectado ao propósito de suas ações e decisões, o medo diminui. Em vez de se concentrar em pequenos erros, o líder vê cada decisão como parte de uma jornada maior em direção ao sucesso.

A coragem é uma característica essencial na liderança, especialmente quando se trata de tomar decisões em situações de incerteza e risco. Os líderes que têm coragem para agir, mesmo quando não têm todas as respostas, constroem organizações resilientes, inovadoras e bem-sucedidas. Superar o medo de errar, confiar no processo de decisão e abraçar o aprendizado constante são etapas fundamentais para desenvolver essa habilidade. Quando um líder toma decisões com coragem, ele não só impacta diretamente os resultados, mas também inspira sua equipe a enfrentar desafios com confiança e determinação.

HISTÓRIA REAL

Durante a crise financeira de 2008, Howard Schultz, CEO da Starbucks, enfrentou um dos momentos mais desafiadores de sua carreira. A empresa, que havia experimentado um crescimento explosivo, começou a perder força à medida que a recessão atingia os consumidores e suas vendas caíam drasticamente. A Starbucks, uma marca conhecida por sua expansão agressiva, começou a perder clientes, e os acionistas estavam cada vez mais preocupados. Em meio ao caos, Schultz tomou uma decisão corajosa e contraintuitiva: ele optou por fechar temporariamente todas as lojas da Starbucks nos Estados Unidos por uma tarde para treinar novamente seus funcionários.

LIDERANÇA EM ASCENSÃO

Esse movimento ousado foi amplamente criticado por analistas e investidores, que o consideraram um risco desnecessário, especialmente em um período de crise econômica. No entanto, Schultz estava determinado a restaurar a essência da marca e a qualidade que havia tornado a Starbucks tão popular. Ele acreditava que o sucesso da empresa estava diretamente ligado à experiência do cliente e, portanto, o foco deveria ser em melhorar o serviço e a qualidade dos produtos.

Além disso, ele tomou a decisão de desacelerar o crescimento da empresa, fechando centenas de lojas que não eram lucrativas e investindo na melhoria das operações existentes. Essas decisões corajosas ajudaram a restaurar a confiança na marca, e a Starbucks emergiu da crise ainda mais forte. Em vez de seguir a tendência de cortar custos de maneira agressiva e sacrificar a qualidade, Schultz focou em fortalecer os valores da empresa e melhorar a experiência do consumidor.

Essa história é um exemplo claro de como decisões difíceis, quando guiadas por propósito e coragem, podem transformar um cenário adverso em uma oportunidade de crescimento e revitalização.

INSIGHT PRÁTICO

Quando se trata de tomar decisões corajosas, é fundamental que o líder tenha clareza sobre o propósito maior da organização. Em momentos de crise, lembre-se de que o curto prazo não deve ser seu único foco. As decisões mais corajosas geralmente envolvem pensar a longo prazo, mesmo que a solução imediata não pareça ser a mais popular ou a menos arriscada.

Dica prática: Em momentos de incerteza, pratique a análise de cenários. Visualize as possíveis consequências de suas decisões e avalie os riscos e benefícios de cada uma. Ao considerar não apenas os resultados imediatos, mas também os impactos a longo prazo, você pode se sentir mais confiante em tomar decisões ousadas. Lembre-se, não agir por medo de errar pode ser mais prejudicial do que cometer erros.

CAPÍTULO
7
LIDERANÇA EM TEMPOS DE CRISE

7.1 MANTENDO A CALMA SOB PRESSÃO

Liderar em tempos de crise é uma das responsabilidades mais desafiadoras e críticas para qualquer líder. Quando tudo ao redor parece desmoronar, o papel do líder é agir como o pilar de estabilidade, direcionando sua equipe por meio da incerteza e do caos. Este capítulo explora as qualidades e habilidades essenciais que um líder deve cultivar para enfrentar crises de maneira eficaz e resiliente.

Uma das maiores qualidades de um líder em tempos de crise é a capacidade de manter a calma sob pressão. A pressão pode vir de várias fontes: demandas externas, o pânico da equipe ou até mesmo da própria insegurança do líder. No entanto, quando um líder mantém a compostura, isso transmite uma mensagem poderosa para sua equipe: "Estamos no controle."

Manter a calma não significa ignorar a gravidade da situação, mas sim ser capaz de tomar decisões racionais, equilibradas e ponderadas, mesmo quando a situação é urgente. A gestão emocional é um fator crucial. Um líder que reage impulsivamente ou demonstra sinais claros de estresse pode agravar o pânico e a confusão entre seus subordinados.

Uma maneira de cultivar a calma sob pressão é desenvolver uma mentalidade de preparação. Líderes eficazes sabem que as crises são inevitáveis. Eles se preparam psicologicamente para cenários de alta pressão, dedicando tempo para criar estratégias e mecanismos de suporte que os ajudam a lidar com o estresse. Além disso, práticas como a meditação e exercícios de respiração podem ajudar na regulação do estresse, permitindo que o líder mantenha a mente clara em situações de emergência.

Outro aspecto essencial é a capacidade de despersonalizar a crise. Um líder que consegue distanciar-se emocionalmente do problema, ao menos o suficiente para enxergá-lo objetivamente, estará em melhor posição para avaliar a situação com clareza. Isso também ajuda a reduzir o sentimento de pânico ou sobrecarga que muitas vezes acompanha situações de crise.

7.2 TOMANDO DECISÕES CRÍTICAS EM CRISES

Tomar decisões críticas durante uma crise é um dos maiores testes da liderança. Nesses momentos, as decisões devem ser rápidas, eficazes e, acima de tudo, baseadas em informações confiáveis. No entanto, um dos maiores desafios enfrentados pelos líderes em crises é a incerteza. Informações incompletas ou conflitantes podem obscurecer o quadro geral e dificultar a tomada de decisão.

Um dos primeiros passos para tomar decisões eficientes em crises é estabelecer uma clara hierarquia de prioridades. Quais são os aspectos mais críticos da situação que precisam ser resolvidos imediatamente? Quais são os recursos disponíveis? Quais são os riscos a curto e longo prazo? Definir essas prioridades ajuda a fornecer uma estrutura de ação e permite ao líder concentrar-se nas questões mais urgentes.

Outro ponto vital na tomada de decisões é envolver as partes interessadas adequadas. Embora seja tentador, em situações de crise, centralizar todas as decisões no líder, a realidade é que as melhores decisões muitas vezes surgem de discussões colaborativas. Engajar a equipe e buscar *insights* de especialistas ou colegas pode fornecer uma perspectiva mais rica e informada sobre a situação. Além disso, ao envolver outros na tomada de decisões, o líder também

LIDERANÇA EM ASCENSÃO

promove um senso de responsabilidade compartilhada, o que pode aumentar o moral e o comprometimento da equipe durante a crise.

Por último, é importante que o líder esteja disposto a assumir a responsabilidade por suas decisões, mesmo que essas decisões não resultem como esperado. Em tempos de crise, erros são inevitáveis, mas a capacidade de reconhecer um erro rapidamente e ajustá-lo é o que distingue um líder eficaz de um ineficaz.

7.3 LIDERANÇA PROATIVA E RESPONSIVA

Existem dois estilos complementares de liderança em tempos de crise: a liderança proativa e a liderança responsiva. Ambos os estilos são necessários, e um bom líder é capaz de equilibrá-los de acordo com a situação.

A liderança proativa envolve antecipar crises antes que elas ocorram e tomar medidas preventivas para minimizá-las. Isso pode incluir a criação de planos de contingência, a realização de análises de risco regulares e a garantia de que a equipe está treinada para lidar com emergências. O líder proativo não espera que os problemas apareçam; ele já prevê desafios potenciais e prepara a organização para enfrentá-los. Isso ajuda a suavizar o impacto de uma crise quando ela surge, pois a equipe já possui um plano para seguir.

Por outro lado, a liderança responsiva refere-se à capacidade de reagir rapidamente e com eficiência a uma crise inesperada. Nem todas as crises podem ser previstas, e é aqui que o líder responsivo entra em ação. A chave para a liderança responsiva é a agilidade — a capacidade de ajustar rapidamente as estratégias e realinhar os recursos conforme necessário. Isso requer flexi-bilidade, adaptabilidade e uma mentalidade aberta para ajustar rapidamente os planos.

Ambos os estilos de liderança exigem uma comunicação clara e eficaz. Um líder proativo deve comunicar regularmente os planos de contingência à sua equipe e garantir que todos compreendam seu papel em uma situação de crise. Já um líder responsivo deve ser capaz de fornecer instruções precisas e direcionamento claro no calor do momento, mantendo a equipe informada sobre as mudanças de estratégia e as novas expectativas.

7.4 COMO GUIAR SUA EQUIPE EM TEMPOS DIFÍCEIS

Liderar uma equipe em tempos de crise exige um equilíbrio delicado entre empatia e direção firme. As pessoas, quando confrontadas com a incerteza, tendem a sentir medo, ansiedade e, muitas vezes, desorientação. O papel do líder é fornecer clareza, apoio emocional e um senso de propósito renovado para sua equipe.

Comunicação transparente é um dos aspectos mais importantes para liderar em tempos difíceis. Quando os líderes se comunicam de forma honesta, eles constroem confiança. Isso não significa que todos os detalhes da crise precisam ser compartilhados, mas as informações essenciais — como o *status* da situação, as decisões tomadas e o que se espera da equipe — devem ser claramente articuladas. A transparência também ajuda a reduzir rumores e especulações, que podem corroer o moral da equipe.

Outro ponto essencial é demonstrar empatia. Em tempos de crise, cada membro da equipe pode estar passando por desafios pessoais únicos. Mostrar-se acessível, ouvir as preocupações da equipe e demonstrar compreensão dos medos e ansiedades que eles podem estar enfrentando é crucial. Isso não só fortalece o vínculo de confiança, mas também ajuda a equipe a se sentir valorizada e apoiada. Quando os líderes se mostram genuinamente preocupados com o bem-estar de seus colaboradores, eles conseguem inspirar uma maior dedicação e lealdade.

Ao mesmo tempo, é importante que o líder não perca de vista o objetivo final. A crise, por mais difícil que seja, não pode paralisar o progresso. Definir metas claras e realistas, mesmo que sejam de curto prazo, ajuda a manter a equipe focada e motivada. Metas alcançáveis permitem que a equipe sinta um senso de realização, o que pode ser um motivador essencial em tempos de dificuldades.

Por fim, liderar em tempos de crise também exige resiliência. O líder deve ser capaz de manter sua equipe unida, mesmo quando as circunstâncias forem desafiadoras. Isso envolve tanto a capacidade de manter uma visão positiva do futuro quanto a capacidade de ajustar planos conforme necessário, sem perder o foco ou a motivação. A resiliência do líder é muitas vezes espelhada pela equipe, que busca no líder a força necessária para continuar.

LIDERANÇA EM ASCENSÃO

Uma história real que exemplifica o tema de liderança em tempos de crise aconteceu durante o desastre do furacão Katrina, em 2005. O furacão devastou grande parte da costa sudeste dos Estados Unidos, com Nova Orleans sendo uma das cidades mais atingidas. Em meio a destruição, caos e falta de uma resposta governamental organizada, muitos líderes locais se destacaram, mas um nome se tornou sinônimo de liderança eficiente e proativa durante a crise: Russel Honoré, um general do exército dos EUA.

A CRISE: O FURACÃO KATRINA E A FALTA DE COORDENAÇÃO

Depois que o furacão atingiu a cidade, Nova Orleans ficou submersa, e os serviços de emergência foram rapidamente sobrecarregados. A resposta inicial ao desastre foi caótica: faltavam coordenação, comunicação e recursos suficientes. A cidade estava à beira do colapso, com milhares de pessoas presas no Superdome e outros abrigos improvisados, sem água potável, alimentos ou segurança. Enquanto o governo local e federal enfrentavam críticas pela lentidão e ineficácia na resposta, foi chamado o general Honoré para liderar a operação de recuperação e resgate.

A LIDERANÇA DE RUSSEL HONORÉ: UM EXEMPLO DE CALMA SOB PRESSÃO E DECISÕES CRÍTICAS

Quando Honoré chegou à cena, sua abordagem imediata foi clara e focada. Um dos momentos mais marcantes ocorreu quando ele assumiu o controle da situação no Superdome, onde as condições haviam se deteriorado gravemente. Sem perder a calma, ele rapidamente reorganizou as operações de resgate, ordenando que suas tropas focassem primeiro em prover ajuda e organizar a evacuação das pessoas que estavam mais vulneráveis. Em vez de tratar os cidadãos como uma multidão descontrolada, ele os viu como sobreviventes em necessidade de assistência.

Ele agiu com eficiência, mantendo a compostura, e passou confiança a seus subordinados e à população. Quando questionado sobre sua abordagem, ele declarou: "Não trago desculpas, trago soluções". Essa frase encapsula a mentalidade necessária para um líder em crises: ser decisivo, agir rapidamente e não se deixar paralisar pela magnitude do problema.

Sua liderança pró - ativa e responsiva trouxe um senso de ordem em meio ao caos. Ele se concentrou em resolver os problemas mais críticos primeiro, como fornecer água e alimentos, evacuar as pessoas mais vulneráveis e restaurar a comunicação. Honoré não esperou que as condições ideais surgissem para agir — ele tomou decisões difíceis com base nas informações que tinha no momento.

INSIGHT PRÁTICO

Um *insight* prático da história de Russel Honoré para líderes em tempos de crise é a importância de agir com clareza e propósito, mesmo em situações de incerteza e pressão extrema. Para aplicar esse princípio em seu ambiente, considere o seguinte:

- Desenvolva uma mentalidade de solução: Em uma crise, é fácil focar nos problemas e nas limitações. Em vez disso, mantenha o foco no que pode ser feito imediatamente para mitigar o impacto. Pergunte-se: Quais são as ações que posso tomar agora, com os recursos disponíveis?

- Priorize a ação rápida e organizada: Em tempos de crise, a hesitação pode agravar a situação. Organize rapidamente a equipe, defina prioridades claras e comece a tomar medidas concretas, mesmo que pequenas.

- Fale de forma direta e mantenha a equipe informada: Uma comunicação clara e assertiva é essencial para manter todos alinhados. Mantenha um tom firme, mas também empático, para garantir que as pessoas saibam o que está acontecendo e como devem agir.

A liderança de Russel Honoré no Katrina é um exemplo poderoso de como manter a calma, agir de forma decisiva e liderar de maneira clara pode transformar uma situação caótica em uma operação eficaz de recuperação.

CAPÍTULO
8
ADAPTABILIDADE E FLEXIBILIDADE

8.1 NAVEGANDO EM UM AMBIENTE EM MUDANÇA

Em um mundo cada vez mais dinâmico, onde mudanças tecnológicas, sociais e econômicas ocorrem em um ritmo sem precedentes, a capacidade de adaptação se tornou uma das habilidades mais importantes para qualquer líder ou organização. Mais do que nunca, é necessário não apenas sobreviver às mudanças, mas prosperar nelas. Adaptabilidade e flexibilidade são, portanto, fundamentais para se manter relevante e competitivo, independentemente do setor ou do cenário em que se atua. Este capítulo aborda como líderes podem desenvolver essas habilidades e aplicá-las em seus ambientes profissionais.

A mudança é uma constante no ambiente atual de negócios, e navegar por ela exige um alto nível de consciência e preparo. O ritmo da globalização, a evolução tecnológica, e eventos inesperados como pandemias, crises econômicas ou mudanças políticas criam desafios que, se mal geridos, podem prejudicar qualquer organização. No entanto, líderes adaptáveis veem essas mudanças não como ameaças, mas como oportunidades de crescimento e inovação. Para navegar em um ambiente em mudança, o primeiro passo é a observação ativa. É essencial que o líder esteja constantemente atento às tendências emergentes e às forças externas que podem impactar sua organização. Isso envolve uma abordagem que vai além de reagir ao que está diretamente à frente, mas que antecipa os desafios que estão por vir. Um líder adaptável está sempre estudando o ambiente ao seu redor, buscando identificar tanto os riscos quanto as oportunidades antes que elas se materializem completamente.

Além disso, uma característica importante para navegar por mudanças é a comunicação constante com a equipe. Manter todos alinhados com os movimentos do mercado, novas diretrizes internas e mudanças estratégicas ajuda a criar uma cultura organizacional que acolhe e abraça a transformação, em vez de resistir a ela. Um líder eficaz sabe que, para que sua equipe também seja flexível, ela deve estar ciente dos desafios e das oportunidades que a mudança traz. Líderes que conseguem se adaptar às mudanças do ambiente são aqueles que investem continuamente em capacitação e desenvolvimento. Em um cenário global em constante evolução, é vital que o conhecimento e as habilidades estejam sempre sendo aprimorados, para que tanto líderes quanto suas equipes estejam preparados para qualquer mudança brusca.

8.2 COMO SE ADAPTAR RAPIDAMENTE A NOVOS CENÁRIOS

A rapidez com que um líder ou uma organização consegue se adaptar a novos cenários pode determinar o sucesso ou o fracasso em tempos de incerteza. Mas como se preparar para essa agilidade?

Primeiro, é importante ter processos flexíveis que permitam ajustes rápidos quando necessário. Muitas organizações têm sistemas rígidos que, quando confrontados com mudanças repentinas, falham em se adaptar. Isso significa que um líder adaptável deve construir sua equipe e sua organização com um certo grau de flexibilidade operacional, de forma que quando os cenários mudarem, os processos não quebrem. Isso pode envolver a implementação de metodologias ágeis, como o Scrum, que priorizam entregas rápidas e a capacidade de ajustar o curso conforme o projeto ou o cenário evolui.

Outro aspecto essencial para adaptação rápida é a tomada de decisão ágil. Em ambientes de mudança, decisões lentas podem custar oportunidades valiosas. Líderes que têm uma capacidade de analisar rapidamente os dados e tomar decisões informadas, mas ágeis, são mais capazes de conduzir suas organizações por momentos de incerteza. Isso requer um equilíbrio entre análise cuidadosa e ação decisiva, sabendo que nem todas as informações estarão disponíveis de imediato. Um líder adaptável confia em sua intuição e em sua equipe para tomar as melhores decisões possíveis com os dados em mãos.

Além disso, a capacidade de aprender com erros é uma característica essencial para adaptação rápida. Muitas vezes, quando nos deparamos com novos cenários, os erros são inevitáveis. Líderes flexíveis e suas equipes veem os erros como parte do processo de adaptação. Eles aprendem rapidamente com esses erros e fazem ajustes, sem medo de errar novamente. Esse tipo de mentalidade voltada para o crescimento é crucial para se adaptar com sucesso.

8.3 FLEXIBILIDADE MENTAL NA LIDERANÇA

A flexibilidade mental é um dos componentes mais importantes para líderes que desejam se adaptar a diferentes situações e mudanças inesperadas. A flexibilidade mental se refere à capacidade de um líder de mudar de perspectiva, revisar suas crenças e ajustar suas abordagens conforme novas informações e contextos se desenvolvem. Isso significa evitar o pensamento rígido e estar disposto a reconsiderar suposições prévias, mesmo que isso desafie a experiência e o conhecimento adquiridos ao longo do tempo.

Um líder com flexibilidade mental está sempre aberto a novas ideias e abordagens. Isso envolve não se apegar cegamente a uma única estratégia ou caminho, mas sim considerar uma variedade de soluções e estar disposto a mudar de direção quando necessário. A flexibilidade mental também significa estar confortável com a ambiguidade. Nem sempre haverá respostas claras ou fáceis, e um líder que prospera em ambientes incertos é aquele que aceita a ambiguidade como parte integrante do processo de tomada de decisões.

Outra habilidade importante dentro da flexibilidade mental é a escuta ativa. Líderes flexíveis mentalmente ouvem suas equipes, buscam conselhos de especialistas e são receptivos ao *feedback*. Isso cria um ambiente colaborativo, onde todos os membros da equipe sentem que podem contribuir para o processo de adaptação. Além disso, a escuta ativa permite que o líder entenda as preocupações e ideias de diferentes perspectivas, ampliando sua visão sobre os desafios e as soluções possíveis.

Um exemplo de flexibilidade mental pode ser visto em líderes que conseguem equilibrar estratégia de longo prazo com agilidade de curto prazo. Embora tenham uma visão clara do futuro, eles são capazes de ajustar essa visão conforme novos dados emergem, sem perder de vista os objetivos principais. Isso cria uma base sólida para que a equipe também desenvolva a capacidade de responder rapidamente a desafios imediatos sem comprometer os resultados de longo prazo.

8.4 INOVAÇÃO COMO CHAVE PARA A RESILIÊNCIA

A inovação está diretamente ligada à capacidade de adaptação. Em momentos de crise ou mudança, a inovação permite que líderes e organizações encontrem soluções criativas para problemas novos. A inovação não é apenas uma vantagem competitiva; em muitos casos, é uma questão de sobrevivência.

A cultura de inovação começa com a liderança. Líderes que incentivam a inovação criam um ambiente onde os membros da equipe se sentem confortáveis para propor novas ideias, mesmo que sejam arriscadas. Eles promovem um espaço onde a experimentação é valorizada e o fracasso é visto como uma parte inevitável do caminho para o sucesso. Empresas como a Google e a 3M, por exemplo, incentivam seus funcionários a dedicar parte de seu tempo para explorar novos projetos e ideias, independentemente de seu alinhamento imediato com as atividades principais da empresa. Esse tipo de mentalidade gera um fluxo constante de inovação e aumenta a resiliência organizacional.

Líderes que priorizam a inovação também investem em tecnologia e aprendizado contínuo. Eles sabem que, para inovar, é preciso estar atualizado com as tendências tecnológicas e investir no desenvolvimento de suas equipes. Estar disposto a implementar novas ferramentas, plataformas ou métodos pode ajudar a organização a se adaptar mais rapidamente às mudanças externas.

Por fim, a inovação é frequentemente o resultado de uma colaboração eficaz. Um líder inovador valoriza a diversidade de ideias e encoraja equipes multifuncionais a trabalhar juntas para resolver problemas complexos. Ao reunir pessoas de diferentes áreas de expertise, é possível abordar os desafios de maneira mais holística e encontrar soluções criativas que talvez não surgissem em um ambiente mais isolado ou monolítico.

A adaptabilidade e a flexibilidade não são apenas qualidades desejáveis em um líder; elas são essenciais para prosperar em um ambiente em constante mudança. Ao desenvolver uma mentalidade flexível, tomar decisões ágeis e promover a inovação, os líderes podem guiar suas organizações não apenas através de tempos difíceis, mas também para novos patamares de sucesso e resiliência.

Uma história real que ilustra a importância da adaptabilidade e flexibilidade na liderança é a de Satya Nadella, CEO da Microsoft. Quando Nadella assumiu o cargo de CEO em 2014, a Microsoft estava enfrentando desafios significativos. A empresa, uma vez líder indiscutível em tecnologia, estava ficando para trás em áreas cruciais, como computação em nuvem e dispositivos móveis. A Microsoft estava enraizada em uma cultura de pensamento rígido e inovações lentas, enquanto concorrentes como Google e Amazon estavam crescendo rapidamente com novos modelos de negócios.

A CRISE: O ESTAGNAMENTO DA MICROSOFT

Na época, a Microsoft ainda se concentrava principalmente em seu software Windows e no pacote Office, enquanto o mercado estava se movendo rapidamente para o uso da computação em nuvem e dispositivos móveis. A empresa estava presa em uma mentalidade antiquada, com muitos de seus líderes relutantes em se afastar dos produtos que haviam sido a base do sucesso da empresa por décadas. Esse pensamento rígido começou a impactar a competitividade da Microsoft, resultando em uma perda de relevância no cenário global da tecnologia.

A ADAPTABILIDADE DE SATYA NADELLA: MUDANDO A CULTURA E A ESTRATÉGIA

Quando Nadella assumiu o comando, ele rapidamente percebeu que, para a Microsoft se tornar relevante novamente, seria necessária uma mudança fundamental na cultura e na estratégia da empresa.

Ele introduziu uma filosofia baseada no "*mindset* de crescimento", inspirada na psicóloga Carol Dweck. Essa abordagem encorajava os funcionários e líderes a serem flexíveis mentalmente, abraçar desafios e aprender com falhas, em vez de se agarrar a sucessos passados.

Além de reformular a cultura interna, Nadella tomou decisões ousadas para mudar a direção da empresa. Um dos movimentos mais importantes foi a aposta na computação em nuvem, por meio da plataforma Azure. Em vez de insistir no software tradicional que dominava o mercado no passado, ele redirecionou os investimentos da Microsoft para a nuvem, um campo no qual a empresa estava bem atrás de concorrentes como a Amazon Web Services.

Essa mudança de estratégia foi um ato de flexibilidade impressionante, especialmente em uma empresa tão grande e complexa como a Microsoft. Nadella conseguiu transformar a Microsoft em um líder global na nuvem, com a Azure se tornando uma das principais fontes de receita da empresa.

Outra prova de sua adaptabilidade foi a mudança de atitude em relação ao software de código aberto, algo que a Microsoft tradicionalmente rejeitava. Sob a liderança de Nadella, a empresa começou a colaborar com a comunidade de código aberto, inclusive comprando o GitHub em 2018, o que reforçou sua posição no ecossistema de desenvolvimento de software.

INSIGHT PRÁTICO

Um *insight* prático da liderança de Satya Nadella é a importância de reconhecer quando os antigos modelos não funcionam mais e ter a coragem de abraçar a mudança, mesmo que isso vá contra o que trouxe sucesso no passado.

Para aplicar esse conceito em seu ambiente, considere os seguintes pontos:

- Fomente uma cultura de aprendizado contínuo: Em vez de se apegar a antigas vitórias, incentive sua equipe a abraçar novos desafios e ver os erros como oportunidades de aprendizado. Promova discussões abertas sobre o que pode ser feito de maneira diferente e como a empresa pode inovar continuamente.

LIDERANÇA EM ASCENSÃO

- Seja flexível com suas estratégias: Mesmo que sua organização tenha tido sucesso com uma abordagem específica no passado, esteja sempre disposto a revisar e ajustar sua estratégia conforme o ambiente externo muda. Avalie constantemente as tendências de mercado e esteja preparado para fazer mudanças significativas, se necessário.

- Adapte-se às novas tecnologias: Esteja atento às inovações tecnológicas que estão transformando seu setor. Investir em novas tecnologias, mesmo que exijam uma curva de aprendizado ou uma mudança cultural dentro da organização, pode ser a chave para manter a relevância no mercado.

A adaptabilidade e a flexibilidade de Nadella não apenas salvaram a Microsoft de um possível declínio, mas também a transformaram em uma das empresas de tecnologia mais valiosas do mundo, mostrando que o sucesso a longo prazo depende de uma disposição constante para mudar e inovar.

CAPÍTULO
9
COMUNICAÇÃO INSPIRADORA

9.1 A IMPORTÂNCIA DA CLAREZA NA COMUNICAÇÃO

A comunicação é uma das habilidades mais poderosas de um líder. Não importa quão visionário, habilidoso ou experiente seja um líder, se ele não consegue transmitir sua mensagem de forma clara, cativante e inspiradora, seus esforços podem cair em ouvidos surdos. A comunicação inspiradora é a chave para unir pessoas, direcionar equipes em tempos de incerteza e, acima de tudo, despertar o melhor que cada pessoa tem a oferecer. Este capítulo explora como líderes podem aprimorar sua habilidade de comunicação para motivar, engajar e liderar suas equipes com eficácia.

A clareza é o fundamento da comunicação eficaz. Sem ela, as mensagens podem ser mal interpretadas, confundidas ou ignoradas. Uma comunicação clara evita ambiguidades e confusões, garantindo que a equipe compreenda a visão, os objetivos e as expectativas.

Líderes muitas vezes enfrentam o desafio de transmitir ideias complexas e estratégias de longo prazo. No entanto, a complexidade não deve ser desculpa para uma comunicação ineficaz. A capacidade de simplificar o complicado é uma das habilidades mais valiosas de um bom comunicador. O líder deve ser capaz de decompor uma ideia em partes compreensíveis, para que todos possam entender, independentemente de seu nível de experiência ou conhecimento técnico.

Um exemplo clássico de comunicação clara foi o discurso do então presidente dos EUA John F. Kennedy, ao anunciar a meta de levar o homem à Lua em 1961. Sua mensagem era direta e ambiciosa: "Escolhemos ir à Lua nesta década e fazer outras coisas, não porque são fáceis, mas porque são difíceis". Com essa comunicação clara, Kennedy mobilizou uma nação em torno de um objetivo comum.

Para garantir clareza na comunicação, o líder deve evitar jargões desnecessários e sempre verificar se a mensagem foi compreendida. A clareza também exige consistência. Um líder deve manter sua mensagem alinhada com os valores e a visão da organização, para evitar contradições que possam confundir ou desmotivar a equipe.

Além disso, a clareza inclui a comunicação visual. Gráficos, imagens e esquemas podem ajudar a transmitir conceitos complexos de maneira acessível. Para líderes que gerenciam equipes grandes ou distribuídas globalmente, utilizar diferentes formas de comunicação pode ajudar a garantir que todos estejam na mesma página.

9.2 COMO INSPIRAR POR MEIO DAS PALAVRAS

Embora clareza seja essencial, inspirar vai além de transmitir informações com precisão. As palavras têm um poder transformador quando usadas com intenção, emoção e propósito. Para inspirar por meio das palavras, o líder deve dominar a arte da narrativa e da conexão emocional.

Um exemplo notável de inspiração por meio da palavra é Martin Luther King Jr., cujo discurso "*I Have a Dream*" ressoou com milhões de pessoas e se tornou um marco na luta pelos direitos civis nos Estados Unidos. O impacto de suas palavras não veio apenas do que ele disse, mas de como ele disse. Ele usou a linguagem de uma forma que se conectava profundamente com os ouvintes, apelando às emoções e aspirações mais profundas das pessoas.

Para um líder moderno, inspirar por meio das palavras significa entender o público, saber quais são seus medos, esperanças e desafios, e moldar a mensagem para ressoar com essas realidades. Empatia é um ingrediente essencial aqui. Quanto mais o líder entender o contexto emocional de sua equipe, mais será capaz de criar uma mensagem que mova as pessoas.

Além disso, a inspiração muitas vezes vem do entusiasmo. Um líder que fala com paixão sobre sua visão ou missão pode contagiar os outros com esse mesmo entusiasmo. Isso não significa que o líder deva ser sempre uma figura extrovertida ou carismática, mas sim que ele deve demonstrar um compromisso genuíno com o que está comunicando. As pessoas se conectam com a autenticidade e a convicção.

9.3 CRIANDO MENSAGENS QUE MOVEM PESSOAS

Mensagens inspiradoras são mais do que palavras; elas são convocações para ação. Criar mensagens que realmente movem as pessoas exige uma combinação de clareza, emoção e propósito. Para isso, os líderes devem entender o impacto que querem gerar e estruturar sua comunicação em torno desse objetivo.

Uma das formas mais eficazes de criar mensagens poderosas é por meio da narrativa. Contar histórias permite que as pessoas se conectem de forma mais profunda com a mensagem, pois histórias ativam a imaginação e geram empatia. Quando o líder conta uma história que ressoa com a realidade ou desafios enfrentados pela equipe, ele consegue criar uma conexão emocional mais forte, o que, por sua vez, aumenta a probabilidade de ação.

Outro aspecto importante é a relevância da mensagem. As pessoas precisam ver como a comunicação está relacionada ao seu trabalho ou à sua vida pessoal. Isso significa que o líder deve adaptar suas mensagens ao contexto em que está inserido. Um discurso inspirador para um grupo de engenheiros pode não ser tão eficaz para um time de marketing, por exemplo. Portanto, a mensagem deve ser personalizada e ajustada ao público.

Além disso, líderes que movem pessoas sabem como criar um senso de propósito em suas comunicações. Eles não apenas descrevem o que deve ser feito, mas explicam por que isso é importante. Esse "porquê" dá um significado maior ao trabalho, o que pode inspirar as pessoas a darem o melhor de si.

9.4 OUVIR COM INTENÇÃO: A CHAVE PARA COMUNICAR EFICAZMENTE

Muitas vezes, quando pensamos em comunicação, nos concentramos na fala, mas a comunicação eficaz começa com a escuta ativa. Ouvir com intenção é a base para entender os outros, construir relacionamentos e criar um ambiente onde a comunicação é fluida e aberta.

Líderes que ouvem com atenção são capazes de captar as necessidades e preocupações de suas equipes, o que lhes permite ajustar suas mensagens para serem mais impactantes. Ao prestar atenção no que os outros estão dizendo — e também no que não estão dizendo — o líder pode detectar sinais de desmotivação, mal--entendidos ou conflitos emergentes.

Escutar com intenção também implica em estar presente. Em reuniões ou conversas um a um, é crucial que o líder não esteja distraído com outros pensamentos ou dispositivos, mas sim concentrado no que a pessoa à sua frente está dizendo. Isso demonstra respeito e cria confiança, pois as pessoas sentem que suas vozes são ouvidas e valorizadas.

Um exemplo de como ouvir pode transformar a comunicação foi dado por Nelson Mandela, um dos maiores líderes do século XX. Ele era conhecido por ser um excelente ouvinte, muitas vezes esperando longamente para responder, garantindo que tivesse compreendido completamente o ponto de vista de seu interlocutor antes de oferecer suas palavras. Isso não apenas o ajudou a construir consenso em tempos de crise, mas também o tornou uma figura que inspirava confiança e respeito.

Além disso, *feedback* é uma parte essencial da comunicação inspiradora. Ouvir ativamente também envolve buscar ativamente o retorno das equipes, seja sobre uma estratégia ou um processo. Quando o *feedback* é realmente ouvido e ações são tomadas com base nele, isso demonstra que a liderança valoriza a opinião da equipe, fortalecendo a confiança mútua.

A comunicação inspiradora vai além de falar bem. Ela envolve clareza, emoção, propósito e, acima de tudo, a capacidade de ouvir. Um líder que se comunica de forma inspiradora consegue não apenas transmitir informações, mas também mobilizar pessoas em torno de uma causa ou visão. Ao cultivar essas habilidades, os líderes não apenas guiam suas equipes com mais eficiência, mas também criam um ambiente de confiança, cooperação e ação, onde todos são movidos por um propósito maior.

Uma história real que exemplifica a importância da comunicação inspiradora é a de Indra Nooyi, ex-CEO da PepsiCo. Durante seu mandato, Nooyi foi amplamente reconhecida por sua habilidade de se comunicar de forma clara, inspiradora e empática, o que transformou a cultura da empresa e elevou seu desempenho global.

A CRISE E O DESAFIO DA COMUNICAÇÃO

Quando Indra Nooyi assumiu a liderança da PepsiCo, em 2006, a empresa estava em um ponto de inflexão. Embora fosse uma gigante de bebidas e alimentos, a PepsiCo enfrentava pressões crescentes por parte de consumidores e ativistas preocupados com a saúde e o impacto de seus produtos no meio ambiente. A demanda por alimentos saudáveis estava aumentando, enquanto os produtos tradicionais da empresa, como refrigerantes e salgadinhos, enfrentavam críticas e declínios nas vendas. Além disso, havia a necessidade de impulsionar a sustentabilidade e inovar os produtos para garantir a relevância da marca no futuro.

Nooyi percebeu que, para superar esses desafios, seria necessário mais do que apenas ajustes estratégicos. A transformação exigiria uma mudança profunda na mentalidade da empresa e em sua cultura. Isso incluía não apenas alinhar os produtos aos novos desejos dos consumidores, mas também inspirar toda a organização a adotar uma nova visão.

A COMUNICAÇÃO INSPIRADORA DE NOOYI

Nooyi lançou a estratégia *"Performance with Purpose"*, que redefinia o propósito da PepsiCo: continuar gerando lucro, mas também ser uma empresa socialmente responsável, focada em sustentabilidade e produtos mais saudáveis. No entanto, apenas definir essa estratégia não seria suficiente. Nooyi sabia que precisava comunicar essa visão de uma maneira que engajasse e inspirasse todas as partes interessadas, desde os funcionários da linha de produção até os executivos da alta administração.

O primeiro passo de Nooyi foi garantir que sua mensagem fosse clara e acessível a todos. Ela simplificou a ideia de *"Performance with Purpose"* para que qualquer funcionário pudesse entender o que isso significava em termos práticos. Essa clareza permitiu que os funcionários compreendessem que não se tratava apenas de uma estratégia de negócios, mas de uma mudança de valores para a organização como um todo.

Além disso, Nooyi tinha uma habilidade especial de inspirar por meio de suas palavras, muitas vezes usando uma abordagem pessoal e emocional em suas comunicações. Um exemplo notável foi quando Nooyi começou a enviar cartas escritas à mão para as mães de seus principais executivos, expressando seu agradecimento por terem criado filhos que estavam contribuindo para o sucesso da empresa. Esse gesto simples, mas poderoso, não só fortaleceu os laços entre Nooyi e sua equipe, mas também transmitiu uma mensagem clara sobre o quanto ela valorizava o esforço humano por trás dos resultados de negócios.

Essa capacidade de se conectar pessoalmente com os outros era uma das maneiras de Nooyi criar mensagens que moviam pessoas. Ao alinhar a estratégia de negócios com valores pessoais, como a responsabilidade e o respeito ao meio ambiente, ela não apenas mudou a percepção da marca, mas também envolveu profundamente os funcionários, motivando-os a contribuir para o sucesso dessa nova visão.

Além de falar de forma inspiradora, Nooyi também ouvia atentamente as preocupações e ideias de seus funcionários e consumidores. Ela frequentemente realizava reuniões para discutir *feedback* e estava aberta a mudanças em sua estratégia baseada nas informações recebidas. Esse compromisso com a escuta ativa criou um ciclo de confiança e respeito mútuo, em que os colaboradores se sentiam ouvidos e mais motivados a trabalhar para o sucesso da visão.

INSIGHT PRÁTICO

Um *insight* prático que podemos extrair da história de Indra Nooyi é a importância de alinhar comunicação e propósito. Quando líderes são capazes de conectar a estratégia de negócios a valores maiores e comunicar isso de forma clara e emocionalmente envolvente, eles criam um ambiente onde os colaboradores se sentem parte de algo maior.

Alinhe a comunicação com valores claros: Ao transmitir uma mensagem, certifique-se de que ela está fundamentada em valores que ressoam com sua equipe ou audiência. Isso cria uma conexão emocional e torna a mensagem mais poderosa.

Use histórias e gestos pessoais: Uma forma eficaz de inspirar é usar histórias e gestos que humanizem a mensagem. No caso de Nooyi, as cartas às mães de seus executivos ajudaram a construir uma conexão emocional. Como líder, encontrar maneiras de personalizar sua comunicação pode ajudar a motivar as pessoas.

Ouça com atenção: A comunicação inspiradora não é apenas sobre falar, mas também sobre ouvir. Demonstrar que você está atento ao que os outros têm a dizer e adaptar sua abordagem de acordo com o *feedback* recebido gera confiança e engajamento.

No fim, a habilidade de Nooyi de combinar clareza, emoção e escuta ativa não apenas transformou a cultura da PepsiCo, mas também inspirou milhares de funcionários a trabalharem juntos em direção a um objetivo comum de forma mais eficaz e motivada.

CAPÍTULO
10
LIDERANÇA
SERVIDORA

10.1 O CONCEITO DE LIDERANÇA SERVIDORA

A liderança servidora é um estilo de liderança que coloca o bem-estar, o desenvolvimento e as necessidades dos colaboradores em primeiro plano. Ao contrário da liderança tradicional, que muitas vezes está centrada em poder, autoridade e controle, a liderança servidora é construída em torno da humildade, empatia e do desejo genuíno de servir aos outros. Líderes servidores acreditam que, ao empoderar suas equipes e criar um ambiente que favoreça o crescimento de cada indivíduo, o sucesso da organização virá como consequência natural.

Este capítulo explora o conceito de liderança servidora, como os líderes podem implementar essa abordagem, e os impactos profundos que ela pode ter nas equipes e nas organizações.

O conceito de liderança servidora foi cunhado por Robert K. Greenleaf em 1970, em seu ensaio *The Servant as Leader* ("O Servidor como Líder"). Nesse modelo, o líder é, antes de tudo, um servidor. Ao invés de focar no poder e no controle, o líder servidor prioriza o desenvolvimento e bem-estar dos outros. Ele ou ela atua como um guia, facilitador e mentor, ajudando os colaboradores a atingir seu potencial máximo.

Um dos princípios fundamentais da liderança servidora é a ideia de que o sucesso de um líder está diretamente ligado ao sucesso de sua equipe. Isso significa que os líderes que adotam essa abordagem se concentram em ouvir seus colaboradores, entender suas necessidades e remover obstáculos que possam estar impedindo o desempenho deles. Em vez de dizer à equipe o que fazer, o líder servidor pergunta: "Como posso ajudá-lo a ter sucesso?".

A liderança servidora também enfatiza a construção de uma cultura organizacional baseada na confiança, respeito mútuo e responsabilidade compartilhada. Os líderes servidores incentivam a colaboração e o envolvimento em todos os níveis da organização, criando uma atmosfera em que as ideias são bem-vindas e todos se sentem valorizados.

10.2 COMO COLOCAR AS NECESSIDADES DA EQUIPE EM PRIMEIRO LUGAR

Uma das características mais marcantes da liderança servidora é a capacidade de colocar as necessidades dos outros em primeiro lugar. Isso não significa ignorar os próprios objetivos, mas sim reconhecer que o crescimento e o sucesso da equipe são essenciais para o sucesso do líder e da organização como um todo.

Para praticar essa abordagem, os líderes precisam adotar algumas práticas essenciais:

1. Ouvir ativamente: ouvir com intenção é uma das principais formas de identificar as necessidades da equipe. Em vez de simplesmente reagir às situações ou impor ordens, o líder servidor se concentra em ouvir profundamente, tanto verbalmente quanto por meio de sinais não verbais, para entender as preocupações, desafios e motivações dos colaboradores.

2. Empatia: a empatia é uma característica fundamental do líder servidor. Ela envolve a capacidade de se colocar no lugar dos outros e entender suas emoções, necessidades e circunstâncias. Com empatia, o líder é capaz de reconhecer o que os membros da equipe estão passando, especialmente em momentos de desafio ou estresse, e oferecer suporte de forma genuína.

LIDERANÇA EM ASCENSÃO

3. Capacitar os colaboradores: ao invés de simplesmente delegar tarefas, os líderes servidores capacitam seus colaboradores ao dar-lhes as ferramentas, o apoio e a confiança para tomar decisões. Eles agem mais como guias do que como diretores, encorajando o desenvolvimento de habilidades e a autonomia.

4. Promover o crescimento pessoal e profissional: O líder servidor está comprometido com o crescimento de seus colaboradores, tanto em nível pessoal quanto profissional. Isso pode significar oferecer oportunidades de desenvolvimento, como treinamentos e mentorias, ou mesmo garantir que os membros da equipe tenham um bom equilíbrio entre vida pessoal e trabalho.

10.3 O IMPACTO DA LIDERANÇA SERVIDORA NO CRESCIMENTO DA ORGANIZAÇÃO

Embora a liderança servidora se concentre nas pessoas, seus impactos são profundos no sucesso da organização como um todo. Estudos demonstram que as organizações que adotam esse estilo de liderança tendem a ter equipes mais engajadas, níveis mais altos de satisfação no trabalho e uma cultura organizacional mais forte.

1. Aumento do engajamento e motivação: quando os líderes demonstram um compromisso genuíno com o bem-estar e o crescimento dos colaboradores, isso gera maior engajamento. Funcionários que se sentem apoiados e valorizados estão mais dispostos a contribuir com suas ideias, a colaborar com seus colegas e a se dedicarem ao sucesso da organização.

2. Melhor retenção de talentos: uma equipe motivada e engajada também resulta em menor rotatividade de funcionários. Colaboradores que trabalham com líderes servidores tendem a ser mais leais à organização, pois veem nela um lugar onde podem crescer e ser valorizados. Isso reduz os custos relacionados à contratação e treinamento de novos funcionários e garante que a empresa mantenha talentos valiosos.

3. Fomento à inovação: A liderança servidora cria um ambiente em que os colaboradores se sentem seguros para compartilhar ideias e experimentar. Essa cultura de apoio e segurança

psicológica é essencial para a inovação. Em organizações em que o medo de falhar é minimizado, os membros da equipe são mais propensos a pensar criativamente e propor soluções inovadoras.

4. Maior colaboração: a liderança servidora incentiva o trabalho em equipe e a colaboração. Quando os membros da equipe sabem que seu líder está ali para apoiá-los e facilitar seu sucesso, eles também estão mais dispostos a apoiar uns aos outros. Isso cria uma cultura de ajuda mútua e colaboração, em vez de competição interna.

5. Resultados sustentáveis: A longo prazo, a liderança servidora leva a resultados mais sustentáveis. Em vez de buscar ganhos de curto prazo ou maximizar o lucro à custa dos colaboradores, o foco no desenvolvimento das pessoas cria uma base sólida para o crescimento contínuo. Quando a equipe prospera, a organização prospera.

10.4 COMO SER UM EXEMPLO DE HUMILDADE E SERVIÇO

A humildade é uma característica central da liderança servidora. Um líder servidor não busca glória pessoal ou *status*, mas sim o sucesso da equipe. Ele ou ela está disposto a admitir erros, aprender com os outros e servir como um exemplo de integridade e responsabilidade.

Para ser um exemplo de humildade e serviço, os líderes podem:

1. Reconhecer e celebrar o sucesso da equipe: em vez de buscar reconhecimento por conquistas, o líder servidor celebra as vitórias de sua equipe. Ele ou ela entende que o sucesso é o resultado de um esforço coletivo e faz questão de destacar as contribuições dos outros.

2. Ser acessível e aberto ao *feedback*: líderes servidores estão abertos ao *feedback*, tanto positivo quanto negativo. Eles veem o *feedback* como uma oportunidade de crescimento, não como uma ameaça. Além disso, eles se esforçam para criar uma cultura na qual todos se sintam à vontade para compartilhar suas ideias e preocupações.

LIDERANÇA EM ASCENSÃO

3. Liderar pelo exemplo: em vez de dar ordens, o líder servidor se envolve diretamente com a equipe, demonstrando as atitudes e comportamentos que deseja ver nos outros. Seja ajudando em tarefas cotidianas ou se voluntariando para iniciativas importantes, o líder servidor mostra que está disposto a fazer o trabalho duro, lado a lado com sua equipe.

4. Praticar a gratidão: demonstrar gratidão é uma forma poderosa de liderar com humildade. Agradecer aos colaboradores por seus esforços, mesmo nas pequenas tarefas, reforça o valor de cada pessoa na organização e fortalece o senso de equipe e de pertencimento.

A liderança servidora não é apenas uma abordagem de gestão; é uma filosofia de vida que coloca o bem-estar e o desenvolvimento dos outros em primeiro lugar. Ao ouvir, capacitar, e agir com humildade, os líderes servidores criam ambientes de trabalho onde a equipe se sente motivada e valorizada. Esse tipo de liderança tem o potencial de transformar a cultura de uma organização, aumentar o engajamento e a inovação, e levar a resultados duradouros e sustentáveis. Ao seguir os princípios da liderança servidora, os líderes podem não apenas alcançar o sucesso, mas também ajudar os outros a florescerem em suas jornadas profissionais e pessoais.

Uma história real que ilustra o poder da liderança servidora é a de Cheryl Bachelder, ex-CEO da Popeyes Louisiana Kitchen, uma rede global de restaurantes de *fast food*. Quando Cheryl assumiu a liderança da Popeyes em 2007, a empresa estava em declínio, com queda nas vendas, franqueados insatisfeitos e uma reputação em declínio. No entanto, ao adotar uma abordagem de liderança servidora, ela transformou a organização e obteve resultados impressionantes.

A TRANSFORMAÇÃO DE POPEYES SOB A LIDERANÇA SERVIDORA DE CHERYL BACHELDER

Ao assumir o cargo, Cheryl Bachelder percebeu que a empresa estava sofrendo devido a uma cultura de liderança tradicional, na qual os executivos tomavam decisões unilaterais e os franqueados, que estavam na linha de frente com os clientes, se sentiam ignorados. Ela sabia que, para resgatar a marca e revitalizar o negócio, seria necessário um novo estilo de liderança — uma que colocasse as necessidades dos franqueados e funcionários em primeiro lugar.

Cheryl, inspirada pelos princípios de liderança servidora, focou em ouvir ativamente os franqueados, queixando-se de que suas preocupações eram ignoradas. Ela passou muito tempo com eles, entendendo suas necessidades e desafios e perguntando: "Como podemos ajudá-los a ter sucesso?". Essa abordagem serviu como o alicerce de sua liderança, focando em empoderar e servir aqueles que realmente impactavam o sucesso da marca — os franqueados e funcionários.

Em vez de impor regras de cima para baixo, ela adotou uma mentalidade de serviço, oferecendo o suporte necessário para que os franqueados pudessem melhorar seus negócios. A estratégia incluiu melhorias na qualidade do produto, melhor treinamento para os funcionários e um foco em criar uma experiência mais consistente e agradável para os clientes.

RESULTADOS DA LIDERANÇA SERVIDORA

Os resultados dessa abordagem foram notáveis. Sob a liderança de Cheryl, a Popeyes experimentou um aumento de 75% no lucro e as ações da empresa triplicaram. Os franqueados, que antes estavam insatisfeitos, agora se sentiam mais valorizados e engajados, levando a uma melhoria significativa na experiência do cliente. Bachelder acreditava que, ao apoiar e servir aos franqueados, ela criaria um efeito cascata de sucesso, em que todos se beneficiariam — incluindo os consumidores.

Essa transformação foi um exemplo claro de como a liderança servidora pode reverter crises e promover um crescimento sustentável, ao colocar as necessidades dos outros em primeiro lugar. Cheryl Bachelder nunca assumiu uma postura de controle ou poder. Pelo contrário, ela guiou a empresa com humildade, sempre se esforçando para ser uma facilitadora e uma apoiadora do sucesso dos outros.

INSIGHT PRÁTICO

Um *insight* prático da história de Cheryl Bachelder é que ouvir e servir às necessidades daqueles que estão na linha de frente do seu negócio pode transformar profundamente uma organização.

Líderes que praticam a liderança servidora são capazes de gerar confiança, aumentar o engajamento e criar um ambiente propício para inovação e crescimento.

Ouvir e agir de acordo com o *feedback*: Ouvir os membros da equipe e outros *stakeholders* é fundamental, mas agir de acordo com o *feedback* é ainda mais poderoso. Bachelder demonstrou isso ao transformar as preocupações dos franqueados em ações práticas que impulsionaram o sucesso da Popeyes.

Empoderar a equipe para tomar decisões: quando os colaboradores e parceiros se sentem ouvidos e apoiados, eles ganham confiança para tomar decisões que podem melhorar o negócio. A liderança servidora permite que os líderes criem um ambiente onde todos têm voz e contribuição.

Servir com humildade: um líder servidor reconhece que seu sucesso depende do sucesso de sua equipe. Em vez de se concentrar em obter crédito pessoal, o líder deve se esforçar para capacitar aqueles que o cercam, oferecendo o suporte necessário para que eles brilhem.

A história de Cheryl Bachelder nos ensina que a verdadeira liderança não está no poder ou no controle, mas na habilidade de servir aos outros e ajudá-los a alcançar seu potencial máximo.

CAPÍTULO
11
O PODER DA VISÃO

11.1 CONSTRUINDO UMA VISÃO CLARA PARA SUA EQUIPE

A visão é um dos componentes mais essenciais e transformadores de qualquer jornada de liderança. Líderes que têm uma visão clara são capazes de orientar suas equipes, inspirar ação e criar um sentido de propósito que vai além das metas diárias. A visão é o que conecta o presente ao futuro, permitindo que uma equipe entenda não apenas onde estão, mas para onde estão indo e por que estão indo naquela direção.

Este capítulo explora como líderes podem construir uma visão clara para sua equipe, fazer com que os outros acreditem nela, comunicar essa visão de maneira inspiradora e, finalmente, transformá-la em ação concreta.

Antes que um líder possa comunicar ou implementar uma visão, ele ou ela deve, em primeiro lugar, construí-la de maneira clara e sólida. A visão precisa ser algo mais do que um conjunto de metas vagas ou sonhos idealistas; deve ser uma descrição realista e aspiracional de onde a organização ou equipe quer estar no futuro.

O que é uma visão clara? Uma visão clara deve responder a três perguntas essenciais:

1. Onde queremos estar no futuro? – Esta é a parte inspiradora da visão. Ela deve descrever um estado desejado que a equipe ou organização deseja alcançar. Isso pode incluir metas de crescimento, impacto social, desenvolvimento de novos produtos ou mesmo uma mudança cultural interna.

2. Por que isso é importante? – Para que a visão tenha força, ela precisa ser embasada em um motivo forte. Este motivo deve ir além dos lucros ou do crescimento financeiro, focando no impacto que a visão terá nos indivíduos, na organização e na sociedade. Líderes eficazes conseguem conectar a visão aos valores mais profundos da equipe.

3. Como podemos chegar lá? – Embora a visão deva ser aspiracional, ela também precisa ser realista o suficiente para que a equipe acredite que é possível alcançá-la. A visão deve incluir os elementos práticos e estratégicos que servirão como base para transformar sonhos em realidade.

O papel do líder na construção dessa visão é, portanto, ser tanto um sonhador quanto um arquiteto. Ele ou ela deve sonhar com o futuro e, ao mesmo tempo, estruturar esse sonho em uma realidade que inspire e oriente os colaboradores.

11.2 COMO FAZER OS OUTROS ACREDITAREM NA SUA VISÃO

Ter uma visão clara é o primeiro passo, mas o verdadeiro poder da visão só é realizado quando você consegue fazer com que outros acreditem nela. Esse é um desafio que muitos líderes enfrentam, pois convencer uma equipe a se comprometer com uma visão envolve mais do que simplesmente apresentá-la.

1. Envolver os colaboradores na criação da visão: Uma das melhores maneiras de fazer com que as pessoas acreditem em sua visão é envolvê-las no processo de criação. Quando a equipe sente que faz parte da formulação da visão, há um maior nível de comprometimento e responsabilidade coletiva. Isso pode ser feito por meio de *workshops* colaborativos, reuniões abertas ou até mesmo simples conversas individuais, em que os membros da equipe podem compartilhar suas aspirações e ideias.

LIDERANÇA EM ASCENSÃO

2. Alinhar a visão com os valores da equipe: Para que a visão ressoe com os colaboradores, ela precisa estar alinhada com os valores e crenças da equipe. Um líder deve garantir que a visão que está propondo não seja algo distante ou desconectado das paixões e motivações dos membros da equipe. Se a visão se alinha com o que a equipe acredita e valoriza, será mais fácil para eles abraçá-la e trabalhar para alcançá-la.

3. Demonstrar comprometimento pessoal: A equipe só acreditará na visão do líder se perceber que o próprio líder está completamente comprometido com ela. Líderes que demonstram paixão, dedicação e confiança na visão que estão propondo têm maior probabilidade de inspirar o mesmo compromisso nos outros. Isso significa que o líder precisa "viver" a visão em seu comportamento diário e decisões, demonstrando coerência entre palavras e ações.

11.3 COMUNICANDO SUA VISÃO DE FORMA INSPIRADORA

Mesmo com uma visão clara e um time disposto a acreditar nela, o próximo desafio é comunicar essa visão de maneira inspiradora. A comunicação eficaz da visão é o que transforma um conceito em uma força motriz que move a equipe para a ação.

1. Usar histórias e exemplos concretos: uma das maneiras mais eficazes de comunicar uma visão é por meio de histórias. As histórias ajudam a humanizar a visão, tornando-a mais tangível e emocionalmente impactante. Um líder pode compartilhar exemplos concretos de como a visão se conecta ao trabalho da equipe ou como outros em situações semelhantes conseguiram transformar suas visões em realidade.

2. Simplificar a mensagem: muitas vezes, as visões podem ser complexas, envolvendo diversos aspectos do negócio ou da organização. No entanto, para que ela seja realmente inspiradora, precisa ser comunicada de forma simples. Uma visão que é fácil de entender é mais fácil de seguir. Portanto, líderes eficazes devem se esforçar para simplificar a comunicação da visão, destacando os principais objetivos e valores que ela representa.

3. Repetir a mensagem consistentemente: a visão não pode ser algo mencionado uma única vez e depois deixado de lado. Para que se torne parte da cultura da equipe, ela precisa ser repetida e reforçada constantemente. Isso não significa apenas repetir as mesmas palavras, mas manter a visão no centro das discussões, decisões e celebrações da equipe. Ao vincular decisões estratégicas e sucessos ao progresso em direção à visão, os líderes ajudam a manter o foco da equipe.

11.4 TRANSFORMANDO VISÃO EM AÇÃO

Depois de comunicar a visão de forma inspiradora, o passo final e mais desafiador é transformar essa visão em ação concreta. Uma visão só tem valor real quando leva a mudanças tangíveis e resultados positivos.

1. Definir metas e marcos claros: para transformar a visão em realidade, ela precisa ser desmembrada em metas práticas e alcançáveis. Esses objetivos devem estar conectados diretamente à visão maior e servir como marcos de progresso. Por exemplo, se a visão envolve ser uma empresa líder em inovação, uma meta tangível poderia ser lançar um certo número de novos produtos ou patentes em um prazo específico.

2. Delegar responsabilidades e empoderar a equipe: líderes eficazes entendem que não podem transformar a visão sozinhos. É fundamental delegar responsabilidades e empoderar os membros da equipe para que assumam papéis ativos na realização da visão. Isso inclui garantir que cada pessoa saiba como seu trabalho contribui para o todo, bem como dar-lhes a autonomia necessária para tomar decisões que os ajudem a avançar.

3. Celebrar pequenas vitórias: ao longo do caminho para realizar a visão, é importante celebrar as conquistas, por menores que sejam. Essas vitórias ajudam a manter o moral elevado e reforçam a crença da equipe na visão. Ao comemorar o progresso, os líderes mantêm o foco da equipe e evitam o esgotamento em meio a um longo processo de transformação.

LIDERANÇA EM ASCENSÃO

4. Ser flexível e ajustar conforme necessário: à medida que a equipe trabalha para transformar a visão em realidade, desafios inesperados e mudanças no ambiente externo podem surgir. Líderes servidores sabem que, às vezes, a visão pode precisar ser ajustada. É essencial ser flexível e estar disposto a adaptar a visão ou as estratégias quando necessário, sempre mantendo o foco no objetivo final.

O poder da visão é a capacidade de orientar e inspirar uma equipe para alcançar algo maior do que eles imaginavam ser possível. Líderes que são capazes de construir uma visão clara, fazer com que outros acreditem nela, comunicá-la de forma inspiradora e, finalmente, transformar essa visão em ação, não apenas guiam suas equipes em direção ao sucesso, mas também criam um impacto duradouro e positivo. Ao utilizar essas práticas, líderes podem construir organizações resilientes, inovadoras e voltadas para o futuro.

Uma história real que exemplifica o poder da visão no contexto brasileiro é a trajetória de Jorge Paulo Lemann, um dos empresários mais bem-sucedidos do Brasil e cofundador do Grupo 3G Capital, que tem participação em empresas como Ambev, Burger King e Heinz. Lemann construiu sua carreira e sua fortuna com base em uma visão clara e poderosa de como transformar empresas, aplicando uma estratégia focada em crescimento, meritocracia e eficiência operacional. Sua capacidade de comunicar essa visão de forma inspiradora e de transformá-la em ação o tornou um dos líderes empresariais mais admirados no Brasil e no mundo.

A VISÃO DE JORGE PAULO LEMANN PARA A AMBEV

Um dos maiores exemplos do poder da visão no sucesso de Lemann foi a criação da Ambev, uma fusão entre a Companhia Antarctica e a Brahma, em 1999. Quando Lemann e seus parceiros iniciaram o processo de fusão, sua visão era clara: criar uma empresa de bebidas globalmente competitiva, que não apenas dominaria o mercado brasileiro, mas se expandiria para ser uma das maiores do mundo.

No entanto, a visão de Lemann ia além do crescimento e da fusão de empresas. Ele acreditava firmemente na criação de uma cultura corporativa baseada na meritocracia, em que o talento seria recompensado, e a eficiência e o foco em resultados impulsionariam o sucesso. Para isso, Lemann implementou um sistema de gestão extremamente rigoroso e eficiente, no qual cada colaborador sabia exatamente o que era esperado dele, e o sucesso da empresa estava diretamente ligado ao desempenho individual e coletivo.

FAZENDO OS OUTROS ACREDITAREM NA VISÃO

O desafio inicial foi convencer não apenas os executivos e investidores da validade dessa fusão, mas também os funcionários das duas empresas, que tinham culturas organizacionais muito diferentes. Lemann e seus parceiros de gestão, Marcel Telles e Beto Sicupira, se dedicaram a comunicar a visão de uma empresa global, altamente eficiente e meritocrática para todos os níveis da organização.

Eles passaram horas em reuniões com funcionários de diferentes setores, explicando como essa nova empresa poderia abrir portas para o crescimento individual de cada colaborador e melhorar a competitividade da empresa. A mensagem era clara: aqueles que abraçassem a visão e se dedicassem ao trabalho duro e aos resultados seriam recompensados. Esse processo de comunicação, alinhado ao comportamento dos líderes que "viveram" essa visão diariamente, ajudou a consolidar a confiança da equipe.

TRANSFORMANDO A VISÃO EM AÇÃO

Uma das maneiras mais eficazes pelas quais Lemann transformou sua visão em realidade foi mediante a implementação de um sistema de metas claras e desafiadoras para todos os funcionários. Cada colaborador, desde os cargos operacionais até os níveis executivos, tinha metas específicas a atingir, e seu desempenho era avaliado de maneira transparente. Esse modelo de gestão permitiu que a empresa maximizasse a eficiência e o foco em resultados, criando uma cultura de alta performance.

Além disso, Lemann e sua equipe focaram na expansão internacional, o que culminou na criação da Anheuser-Busch InBev, a maior cervejaria do mundo. A visão de Lemann, que começou com a ambição de criar uma empresa globalmente competitiva, se materializou em um império de bebidas presente em diversos países e mercados.

INSIGHT PRÁTICO: VISÃO INSPIRADORA

Um *insight* prático da trajetória de Jorge Paulo Lemann é que uma visão clara, acompanhada de uma cultura corporativa forte e meritocrática, pode transformar completamente uma organização e impulsioná-la ao sucesso global.

1. Definir uma visão audaciosa e clara: assim como Lemann visualizou a Ambev como uma empresa global desde o início, líderes devem pensar grande ao construir sua visão. No entanto, essa visão deve ser clara e concreta, mostrando um futuro aspiracional, mas alcançável.

2. Comunicar consistentemente e inspirar a equipe: para que a visão se torne uma realidade, ela deve ser constantemente comunicada e reforçada para todos os membros da equipe. Isso garante que todos saibam exatamente qual é o objetivo e o que precisam fazer para alcançá-lo.

3. Criar uma cultura de alto desempenho e responsabilidade: a meritocracia implantada por Lemann foi essencial para transformar a visão em ação. Implementar um sistema de metas claras, no qual os esforços individuais são reconhecidos e recompensados, cria um ambiente no qual a equipe está motivada para alcançar o sucesso coletivo.

4. Transformar a visão em ações práticas: não basta apenas comunicar a visão. É fundamental definir estratégias e metas concretas para garantir que cada passo dado pela equipe esteja alinhado com o objetivo maior.

A história de Jorge Paulo Lemann é um exemplo poderoso de como a visão pode ser o motor que impulsiona transformações corporativas, levando empresas ao sucesso global por meio da clareza, comunicação eficiente e execução rigorosa.

CAPÍTULO
12
CULTURA ORGANIZACIONAL E LIDERANÇA

12.1 COMO A CULTURA MOLDA O COMPORTAMENTO DA EQUIPE

A cultura organizacional é o conjunto de valores, crenças, normas e práticas que orientam o comportamento dos indivíduos dentro de uma empresa. A liderança, por sua vez, exerce um papel fundamental na criação, manutenção e evolução dessa cultura. Este capítulo explora como a cultura influencia o comportamento da equipe, o papel da liderança em promover um ambiente positivo, as ferramentas para cultivar uma cultura saudável e a importância de uma cultura inclusiva no ambiente de trabalho.

A cultura organizacional define o "jeito de ser" de uma empresa, influenciando diretamente a maneira como os colaboradores interagem, tomam decisões e realizam suas tarefas. Quando uma organização possui uma cultura forte e claramente definida, seus membros tendem a seguir normas e valores que guiam suas ações, mesmo na ausência de supervisão direta.

Por exemplo, uma cultura voltada para a inovação e o empreendedorismo incentivará comportamentos de criatividade e tomada de risco calculada. Em uma empresa em que a hierarquia rígida e a formalidade são características predominantes, os colaboradores poderão sentir-se menos inclinados a questionar ordens ou sugerir mudanças, refletindo um comportamento mais conservador.

Um dos aspectos mais evidentes da cultura organizacional é como ela influencia a comunicação interna. Culturas mais abertas tendem a promover o *feedback* constante e a colaboração entre departamentos, enquanto culturas fechadas podem criar barreiras entre equipes e setores, dificultando a troca de informações e a resolução de problemas. Assim, a cultura não apenas molda como as equipes trabalham juntas, mas também determina a qualidade e a eficiência dessas interações.

Além disso, a cultura organizacional impacta diretamente a motivação e o engajamento dos colaboradores. Uma cultura que valoriza o reconhecimento e a recompensa pelo bom desempenho tende a gerar mais motivação intrínseca. Por outro lado, em culturas em que a meritocracia é negligenciada, o desempenho individual pode ser prejudicado, uma vez que os colaboradores não sentem que seu esforço será reconhecido.

Em suma, a cultura organizacional atua como um mecanismo invisível, mas poderoso, que regula o comportamento dos membros da equipe, afetando diretamente os níveis de produtividade, inovação e satisfação no ambiente de trabalho.

12.2 LIDERANÇA NA CRIAÇÃO DE UMA CULTURA POSITIVA

A liderança desempenha um papel essencial na construção e no fortalecimento da cultura organizacional. Líderes eficazes não apenas estabelecem os padrões culturais, mas também exemplificam os comportamentos que desejam ver replicados por toda a equipe. Ao longo do tempo, o estilo de liderança influencia diretamente a atmosfera da organização e os valores que se tornam predominantes.

Para criar uma cultura organizacional positiva, os líderes devem atuar como modelos de conduta, demonstrando integridade, transparência e respeito em suas interações diárias. Quando os líderes demonstram um compromisso genuíno com os valores organizacionais, eles inspiram confiança e lealdade em seus colaboradores, o que fortalece a cultura como um todo.

Além disso, a liderança é fundamental para definir expectativas claras e comunicar a missão e os objetivos da organização. Um líder que se comunica de forma eficaz não apenas transmite informações importantes, mas também promove um senso de propósito entre os membros da equipe. Quando os colaboradores entendem como seu trabalho contribui para o sucesso da organização, eles tendem a se sentir mais engajados e comprometidos com a visão da empresa.

Outro papel crítico da liderança na criação de uma cultura positiva é o *feedback* contínuo e o reconhecimento dos esforços individuais e coletivos. Um ambiente onde o *feedback* é dado de maneira construtiva e regular, e onde o sucesso é celebrado, tende a fomentar a motivação e o desenvolvimento dos colaboradores. O líder, ao adotar essa abordagem, também cria um espaço seguro para o aprendizado e a experimentação, fatores essenciais para o crescimento contínuo da organização.

Por fim, líderes que incentivam a inclusão e a diversidade em suas equipes promovem uma cultura que valoriza diferentes perspectivas, o que, por sua vez, gera inovação e uma capacidade maior de adaptação a mudanças. Essa abordagem inclusiva também contribui para o aumento da satisfação dos colaboradores, que se sentem valorizados por suas contribuições únicas.

12.3 FERRAMENTAS PARA CULTIVAR UMA CULTURA SAUDÁVEL

Manter e nutrir uma cultura organizacional saudável exige o uso de ferramentas específicas que ajudem a alinhar os comportamentos individuais com os valores e objetivos da empresa. Uma das ferramentas mais poderosas para cultivar uma cultura positiva é o processo de contratação. Durante o recrutamento, é essencial que a organização avalie não apenas as competências técnicas dos candidatos, mas também sua compatibilidade com a cultura da empresa. Ao selecionar pessoas que compartilham os mesmos valores e visões, a organização reforça sua cultura e assegura a continuidade de suas práticas.

Além da contratação, a integração de novos colaboradores é outro ponto crítico. Um programa de *onboarding* eficaz deve enfatizar a cultura organizacional, comunicando os valores e expectativas desde o início. Isso ajuda a alinhar os novos membros à visão da empresa e facilita sua adaptação ao ambiente de trabalho.

Outra ferramenta essencial é o treinamento contínuo. Investir no desenvolvimento profissional e pessoal dos colaboradores demonstra um compromisso com seu crescimento e sucesso. Programas de treinamento que incluem não apenas habilidades técnicas, mas também competências interpessoais, como comunicação, empatia e trabalho em equipe, ajudam a fortalecer os laços dentro da organização e promovem um ambiente de trabalho mais colaborativo.

Os sistemas de reconhecimento e recompensa também são fundamentais para o cultivo de uma cultura saudável. Ao reconhecer e recompensar comportamentos alinhados aos valores da empresa, a liderança incentiva que esses comportamentos se tornem padrões. Recompensas não precisam ser apenas financeiras; elogios públicos, oportunidades de desenvolvimento e promoções também são formas eficazes de reforçar uma cultura positiva.

Por fim, o uso de pesquisas de clima organizacional e *feedbacks* anônimos pode ser uma ferramenta valiosa para entender a percepção dos colaboradores sobre a cultura vigente. Essas ferramentas fornecem dados importantes para a liderança identificar áreas de melhoria e ajustar suas práticas para manter a cultura alinhada com os objetivos estratégicos.

12.4 A IMPORTÂNCIA DE UMA CULTURA INCLUSIVA

Uma cultura inclusiva é aquela que valoriza a diversidade em todas as suas formas, promovendo um ambiente onde todos os colaboradores se sentem respeitados, valorizados e capacitados para contribuir com suas ideias e talentos únicos. Em uma sociedade cada vez mais diversa e globalizada, as empresas que adotam uma cultura inclusiva têm uma vantagem competitiva significativa.

A inclusão começa com a contratação de talentos diversos. Isso inclui não apenas diversidade de gênero, etnia e idade, mas também diversidade de pensamento, experiências e habilidades. Empresas inclusivas reconhecem que equipes diversificadas tendem a ser mais inovadoras, uma vez que abordam problemas e desafios de diferentes ângulos.

No entanto, simplesmente contratar talentos diversos não é suficiente. É necessário criar um ambiente em que essas diferenças sejam respeitadas e aproveitadas de maneira construtiva. Isso envolve a criação de políticas que incentivem o respeito mútuo, a comunicação aberta e o combate a qualquer forma de discriminação ou preconceito. Líderes inclusivos desempenham um papel fundamental nesse processo, promovendo discussões abertas sobre diversidade e incentivando a participação de todos os membros da equipe.

Empresas com culturas inclusivas tendem a ter uma maior retenção de talentos, pois os colaboradores se sentem mais conectados com a organização e seus valores. Além disso, uma cultura inclusiva contribui para o fortalecimento da reputação da empresa, tornando-a mais atraente para novos talentos e parceiros.

Em resumo, uma cultura inclusiva não é apenas uma responsabilidade social, mas uma estratégia inteligente para impulsionar a inovação, melhorar a satisfação dos colaboradores e promover o crescimento organizacional sustentável.

HISTÓRIA REAL: A TRANSFORMAÇÃO CULTURAL NA NATURA

Um exemplo concreto de como cultura organizacional e liderança moldam o sucesso de uma empresa pode ser visto na Natura, uma das maiores empresas de cosméticos do Brasil. Nos anos 2000, a Natura enfrentava o desafio de manter sua identidade e valores enquanto crescia rapidamente, tanto no mercado nacional quanto internacional. A empresa já possuía uma forte cultura organizacional baseada em sustentabilidade e bem-estar, mas havia a necessidade de adaptar essa cultura ao novo contexto global sem perder sua essência.

A liderança da Natura, capitaneada por Guilherme Leal, um dos fundadores, desempenhou um papel fundamental nesse processo. Guilherme acreditava fortemente que a cultura da empresa deveria ser preservada e fortalecida, mesmo diante da expansão. Ele defendia que a Natura deveria continuar promovendo o respeito ao meio ambiente e às pessoas, tanto nas suas operações quanto nas relações com clientes e fornecedores.

A liderança de Leal foi decisiva para reforçar uma cultura organizacional baseada em valores humanos e sustentabilidade. Ele não apenas pregava esses valores, mas os incorporava em suas práticas diárias. Um dos exemplos mais marcantes foi a decisão da Natura de tornar-se uma empresa carbono neutro, reduzindo drasticamente suas emissões de carbono e incentivando fornecedores e parceiros a adotarem práticas mais sustentáveis.

Para garantir que esses valores continuassem a permear todas as áreas da empresa, a Natura investiu em programas internos de treinamento e integração cultural. Durante o *onboarding* de novos colaboradores, havia um forte enfoque em transmitir os valores da empresa, explicando como cada pessoa, independentemente de sua função, poderia contribuir para a missão de "bem estar bem" da Natura.

Além disso, a Natura adotou uma série de ferramentas para cultivar essa cultura saudável, como o programa de reconhecimento por práticas sustentáveis e inovações sociais. A liderança também incentivava o *feedback* constante, abrindo canais de comunicação para que colaboradores de todos os níveis pudessem compartilhar suas ideias e preocupações, ajudando a manter a cultura de inovação e respeito.

A cultura inclusiva também se destacou. A Natura sempre promoveu a diversidade em suas contratações e iniciativas, lançando campanhas com representações diversas de gênero, etnia e orientação sexual, o que refletia não apenas o público que consumia seus produtos, mas também os valores de inclusão que a empresa defendia.

INSIGHT PRÁTICO: A ALIANÇA ENTRE SUSTENTABILIDADE E CULTURA ORGANIZACIONAL

O caso da Natura oferece um *insight* prático importante: uma cultura organizacional sólida, baseada em valores genuínos, pode ser uma ferramenta poderosa para o crescimento sustentável. No entanto, para que essa cultura prospere, é necessário que a liderança viva os valores que deseja transmitir. O exemplo de Guilherme Leal mostra como a liderança pelo exemplo é eficaz na criação e manutenção de uma cultura positiva.

LIDERANÇA EM ASCENSÃO

Um passo prático que pode ser aplicado em qualquer organização é a criação de um "Manifesto de Valores". Esse manifesto deve ser compartilhado com todos os colaboradores e atualizado periodicamente, servindo como uma referência constante de como a empresa deseja atuar no mercado e no ambiente interno. Mais importante do que o documento em si é a prática diária desses valores pela liderança e o incentivo ao engajamento dos colaboradores.

Assim, quando os líderes demonstram compromisso genuíno com a cultura, como fez a Natura, eles criam um ambiente de trabalho mais engajado, colaborativo e inovador, capaz de enfrentar desafios de expansão e adaptação sem comprometer a essência da organização.

CAPÍTULO
13
DIVERSIDADE E INCLUSÃO

13.1 A IMPORTÂNCIA DE LIDERAR UMA EQUIPE DIVERSA

A diversidade e inclusão (D&I) no ambiente de trabalho são pilares fundamentais para o desenvolvimento sustentável das organizações modernas. O conceito de diversidade vai além das questões visíveis como etnia, gênero ou idade, abrangendo também diferentes experiências, formações e modos de pensar. A inclusão, por sua vez, refere-se à criação de um ambiente onde todos se sintam valorizados e respeitados, independentemente de suas características pessoais ou crenças. No cenário atual, as organizações que abraçam esses valores estão mais preparadas para inovar, crescer e responder às complexidades de um mundo globalizado. Este capítulo explora a importância de liderar equipes diversas, como valorizar diferentes etnias, religiões e costumes, as práticas para criar um ambiente inclusivo, e como lidar com preconceitos de maneira construtiva.

Liderar uma equipe diversa oferece uma série de vantagens que vão além da representatividade. Equipes com pessoas de diferentes origens, formações e visões de mundo tendem a ser mais inovadoras e criativas, uma vez que soluções para problemas são pensadas de maneira multidimensional. Isso porque a diversidade traz à tona uma variedade de perspectivas e abordagens que, juntas, enriquecem a capacidade da equipe de lidar com desafios complexos e de encontrar soluções mais eficazes.

Estudos indicam que empresas com maior diversidade de gênero e etnia tendem a ter melhor desempenho financeiro, evidenciando que a diversidade impacta positivamente tanto a inovação quanto os resultados. Isso se dá porque equipes diversas são mais adaptáveis às mudanças, mais sensíveis às necessidades de diferentes mercados e clientes, e mais capazes de construir soluções que realmente atendem a uma variedade de públicos.

Porém, liderar uma equipe diversa não se resume a simplesmente colocar diferentes pessoas juntas. Requer uma liderança inclusiva que saiba extrair o melhor de cada indivíduo, respeitando suas particularidades e garantindo que todos tenham espaço para contribuir. Essa liderança inclusiva deve ser proativa, promovendo o diálogo e mediando conflitos de maneira empática e justa. Além disso, é importante que o líder não apenas tolere as diferenças, mas celebre-as como elementos que enriquecem o grupo e fortalecem o potencial de cada colaborador.

O papel do líder em uma equipe diversa também é o de promover o desenvolvimento contínuo de cada membro, incentivando que todos aprendam uns com os outros. O intercâmbio de experiências é uma das maiores riquezas que a diversidade pode proporcionar. Nesse sentido, o líder age como um facilitador que cria oportunidades de integração e aprendizado mútuo, promovendo a sinergia entre diferentes formas de pensar.

13.2 COMO VALORIZAR DIFERENTES ETNIAS, RELIGIÕES E COSTUMES

Valorizar diferentes etnias, religiões e costumes no ambiente de trabalho é uma tarefa que exige sensibilidade e empatia. A verdadeira valorização não ocorre apenas por meio de políticas de diversidade, mas a partir de práticas diárias que reconhecem e respeitam as particularidades de cada colaborador. Quando as diferenças são celebradas e integradas na cultura organizacional, a empresa cria um ambiente de trabalho mais inclusivo e enriquecedor para todos.

LIDERANÇA EM ASCENSÃO

Para valorizar diferentes etnias, é importante, em primeiro lugar, promover a igualdade de oportunidades. Isso significa que todos os colaboradores devem ter acesso aos mesmos recursos e oportunidades de crescimento profissional, independentemente de sua origem étnica. Processos de recrutamento e seleção, por exemplo, podem ser estruturados de forma a eliminar vieses inconscientes, permitindo que talentos de todas as origens possam se destacar.

O respeito às religiões é outro aspecto crucial. Colaboradores de diferentes tradições religiosas devem sentir-se livres para expressar sua fé, desde que isso não interfira no bem-estar de outros. Uma prática comum em ambientes inclusivos é a flexibilidade para acomodar as necessidades religiosas dos colaboradores, como permitir pausas para orações ou ajustar horários de trabalho em dias sagrados. Além disso, é importante que a empresa evite impor quaisquer crenças ou práticas religiosas, respeitando a neutralidade e a liberdade de expressão.

A valorização dos costumes também deve fazer parte da cultura organizacional. Um exemplo prático é o respeito às tradições culturais, como festividades e celebrações. Em uma empresa verdadeiramente inclusiva, as datas comemorativas de diferentes culturas podem ser reconhecidas e celebradas, o que promove um ambiente mais acolhedor e diverso. Programas de educação e conscientização cultural podem ser implementados, permitindo que os colaboradores aprendam sobre diferentes culturas e desenvolvam uma compreensão mais ampla do mundo ao seu redor.

13.3 CRIANDO UM AMBIENTE INCLUSIVO

Criar um ambiente inclusivo é um processo contínuo que envolve todos os níveis da organização. Desde a alta liderança até os colaboradores de base, todos têm um papel fundamental na construção de um local de trabalho onde as diferenças são respeitadas e as contribuições de todos são valorizadas.

Uma das primeiras ações que as organizações devem tomar para criar um ambiente inclusivo é implementar políticas claras e acessíveis que promovam a diversidade e a inclusão. Essas políticas precisam ser práticas e aplicáveis, abordando questões como a contratação de pessoas de grupos sub-representados, a criação de comitês de diversidade e o desenvolvimento de programas de treinamento voltados para a conscientização sobre preconceitos e discriminação.

Um elemento central de um ambiente inclusivo é a comunicação aberta e transparente. Todos os colaboradores devem sentir que têm voz e que suas opiniões são levadas em consideração. Para isso, a liderança deve criar espaços para a discussão, como reuniões abertas e canais de *feedback* anônimo, em que as pessoas possam expressar preocupações ou sugerir melhorias. A escuta ativa por parte dos gestores é fundamental para que essas iniciativas sejam eficazes.

Outra prática essencial é o incentivo à participação e à representatividade em todos os níveis da organização. Isso inclui garantir que mulheres, pessoas de diferentes etnias, LGBTQIA+ e pessoas com deficiência estejam representadas em cargos de liderança e em projetos de alta visibilidade. Um ambiente inclusivo só será plenamente realizado quando a diversidade estiver presente em todos os âmbitos da organização, não apenas na base, mas também na gestão e na tomada de decisões estratégicas.

13.4 LIDANDO COM PRECONCEITOS DE FORMA CONSTRUTIVA

Embora a inclusão seja um objetivo desejado, lidar com preconceitos ainda é um desafio real no ambiente de trabalho. O preconceito, muitas vezes, se manifesta de forma sutil, por meio de micro agressões ou comentários preconceituosos disfarçados de "brincadeiras". Em outros casos, pode ser mais explícito, causando desconforto ou exclusão de certos grupos. No entanto, é possível lidar com esses preconceitos de maneira construtiva, transformando situações negativas em oportunidades de aprendizado e crescimento.

A primeira medida para lidar com preconceitos é o reconhecimento de que todos, em algum momento, podem ter preconceitos inconscientes. A chave está em conscientizar a equipe sobre esses vieses e promover uma reflexão contínua. Programas de treinamento e *workshops* sobre vieses inconscientes são ferramentas eficazes para trazer esses preconceitos à tona e ensinar os colaboradores a identificá-los e superá-los.

Quando um incidente preconceituoso ocorre, é fundamental que a organização tenha mecanismos para lidar com o problema de forma rápida e eficaz. O silêncio ou a falta de ação frente a atitudes preconceituosas pode enfraquecer a cultura inclusiva da empresa e gerar ressentimentos entre os colaboradores. Por isso, a liderança deve agir prontamente, investigando o incidente e, se necessário, aplicando medidas corretivas.

Além disso, é importante promover a mediação e o diálogo como formas de resolver conflitos relacionados a preconceitos. O objetivo deve ser sempre educar, em vez de punir, e criar um espaço onde as pessoas possam expressar suas preocupações sem medo de represálias. O papel do líder, nesse contexto, é atuar como um facilitador, orientando as partes envolvidas a buscar o entendimento mútuo e o respeito.

Outro passo importante é encorajar a cultura de *feedback* construtivo. Quando alguém presencia uma atitude preconceituosa, deve sentir-se seguro para comunicar o ocorrido e discutir o impacto da ação. A correção de comportamentos preconceituosos pode ser mais eficaz quando as pessoas têm a oportunidade de refletir sobre suas atitudes e aprender a agir de forma diferente no futuro.

A diversidade e a inclusão são, ao mesmo tempo, desafios e oportunidades para as organizações. Para que uma empresa seja bem-sucedida na criação de um ambiente verdadeiramente inclusivo, é necessário que a liderança esteja comprometida com a construção de uma cultura de respeito, equidade e valorização das diferenças. Ao promover uma equipe diversa e lidar com preconceitos de forma construtiva, as empresas não apenas criam um local de trabalho mais justo, mas também se tornam mais inovadoras, adaptáveis e prepara-das para enfrentar os desafios de um mundo em constante mudança.

HISTÓRIA REAL:
INCLUSÃO E DIVERSIDADE NO BANCO ITAÚ UNIBANCO

Uma história inspiradora sobre diversidade e inclusão no Brasil é a do Itaú Unibanco, uma das maiores instituições financeiras do país. O banco decidiu, nos últimos anos, implementar uma série de medidas para promover um ambiente mais inclusivo e diverso, tanto em termos de gênero quanto de etnia, orientação sexual e pessoas com deficiência.

Uma das iniciativas mais significativas foi o programa "Eu Consigo", criado em 2017, com o objetivo de ampliar a inclusão de pessoas com deficiência. No início, o Itaú enfrentou desafios comuns nesse tipo de projeto, como a adaptação física dos ambientes e a quebra de preconceitos por parte dos colaboradores e gestores. Entretanto, a liderança da empresa estava fortemente comprometida com a ideia de que a inclusão não era apenas uma responsabilidade social, mas também um motor de inovação e competitividade.

Outro passo importante foi a formação de um comitê de diversidade que tinha a função de desenvolver políticas e ações afirmativas dentro do banco. O Itaú também começou a fazer um trabalho intensivo de conscientização, incluindo treinamentos sobre vieses inconscientes para todos os seus funcionários e líderes. Esses treinamentos mostravam como certos preconceitos podem afetar decisões diárias e de que forma os líderes, em particular, devem atuar para minimizar os efeitos dessas distorções em seus times.

Além disso, o Itaú firmou compromisso com a inclusão de mulheres e pessoas negras em posições de liderança, o que levou ao lançamento de programas específicos de desenvolvimento para esses grupos. A empresa estabeleceu metas claras para aumentar a diversidade em todos os níveis hierárquicos, com foco especial nos cargos executivos. A liderança do Itaú, ao abraçar essas metas, ajudou a transformar a cultura interna, criando um ambiente onde a diversidade é vista como uma vantagem competitiva e estratégica.

Com essas ações, o Itaú não apenas ampliou sua inclusão interna, mas também se tornou referência no setor financeiro, sendo reconhecido por prêmios de diversidade e servindo de exemplo para outras empresas que buscam melhorar suas práticas de inclusão.

INSIGHT PRÁTICO:
LIDERAR PELO EXEMPLO E DEFINIR METAS CLARAS

A história do Itaú Unibanco nos oferece um *insight* prático crucial para líderes: o papel da liderança é essencial na criação de uma cultura inclusiva e diversa, e isso começa com o exemplo. Um líder que demonstra, em suas atitudes e decisões, o compromisso com a diversidade, influencia diretamente o comportamento de sua equipe e os valores da organização como um todo.

LIDERANÇA EM ASCENSÃO

Um passo prático para os líderes é definir metas claras de inclusão e diversidade e incorporá-las aos objetivos estratégicos da empresa. Assim como o Itaú fez, é importante estabelecer métricas e acompanhar o progresso, garantindo que a diversidade não seja apenas um tema discutido, mas uma prioridade prática. Além disso, oferecer treinamentos sobre vieses inconscientes e criar espaços seguros para diálogos sobre inclusão são ações essenciais para promover uma mudança cultural real.

Para os líderes, a criação de comitês de diversidade ou grupos de trabalho específicos pode ser uma excelente forma de monitorar o progresso, receber *feedbacks* contínuos e ajustar as estratégias conforme necessário. O líder deve também encorajar a escuta ativa e a empatia, criando um ambiente onde todos se sintam à vontade para expressar suas opiniões e compartilhar suas experiências. A liderança inclusiva é um processo ativo, que exige compromisso diário e um olhar constante para o aprimoramento da cultura organizacional.

CAPÍTULO
14
LIDERANÇA E INTELIGÊNCIA EMOCIONAL

14.1 O PAPEL DA INTELIGÊNCIA EMOCIONAL NA LIDERANÇA

A inteligência emocional (IE) é uma das competências mais valorizadas no ambiente de trabalho, especialmente quando se trata de liderança. Trata-se da capacidade de reconhecer, entender e gerenciar suas próprias emoções, assim como as emoções dos outros. No contexto da liderança, essa habilidade se torna fundamental, pois líderes emocionalmente inteligentes conseguem criar um ambiente de trabalho mais produtivo, colaborativo e saudável. Este capítulo explora o papel da inteligência emocional na liderança, como gerenciar suas emoções para tomar decisões eficientes, a importância de reconhecer e respeitar as emoções dos outros, e técnicas práticas para melhorar sua IE.

Em um mundo corporativo cada vez mais competitivo e complexo, a capacidade de um líder de gerenciar suas emoções e de lidar com as emoções dos outros pode determinar o sucesso ou o fracasso de uma equipe. Um líder com alta inteligência emocional consegue manter o equilíbrio em situações de alta pressão, lidar de maneira construtiva com o estresse e, ao mesmo tempo, inspirar confiança e segurança nos membros da equipe.

Liderança não é apenas sobre tomar decisões estratégicas ou delegar tarefas; trata-se de lidar com pessoas, suas motivações, medos e expectativas. Nesse sentido, a inteligência emocional permite ao líder criar conexões autênticas com seus colaboradores, promovendo um ambiente onde todos se sentem ouvidos e valorizados. A empatia, um dos componentes centrais da inteligência emocional, ajuda o líder a compreender as necessidades e perspectivas de sua equipe, permitindo que ele ajuste sua abordagem de liderança para atender às diversas personalidades e estilos de trabalho.

Além disso, líderes emocionalmente inteligentes são mais eficazes na resolução de conflitos. Em vez de reagir impulsivamente a situações tensas, eles conseguem analisar as emoções envolvidas, buscando soluções que considerem os sentimentos das partes e promovam a harmonia. Dessa forma, a inteligência emocional contribui diretamente para a coesão e o engajamento da equipe.

14.2 COMO GERENCIAR SUAS EMOÇÕES PARA TOMAR DECISÕES EFICIENTES

Líderes enfrentam, diariamente, situações que exigem decisões rápidas e eficazes. Em momentos de alta pressão, as emoções podem se tornar um obstáculo para o raciocínio lógico e a clareza mental, levando a decisões precipitadas ou inadequadas. Por isso, o gerenciamento emocional é uma habilidade crítica para os líderes que buscam tomar decisões mais eficientes.

O primeiro passo para gerenciar suas emoções de forma eficaz é o autoconhecimento. Um líder precisa ser capaz de reconhecer quando está sendo influenciado por emoções como raiva, frustração ou ansiedade. Quando essas emoções surgem, é importante não reagir de maneira imediata, mas sim criar um espaço de reflexão. Técnicas como a respiração profunda ou a prática do *mindfulness* podem ajudar a interromper uma resposta emocional automática, permitindo que o líder retome o controle de suas ações e pensamentos.

Outro aspecto fundamental é entender que as emoções são sinais valiosos, mas não devem ditar o curso da ação. Por exemplo, a ansiedade diante de uma decisão importante pode indicar que o líder está preocupado com os riscos, mas, em vez de agir com base nesse medo, ele deve usar essa emoção como um sinal para fazer uma análise mais cuidadosa dos cenários e impactos. Um líder emocionalmente inteligente usa suas emoções como um guia, mas sempre mantém a lógica e a objetividade como base de suas decisões.

Além disso, é essencial aprender a diferenciar sentimentos imediatos de emoções duradouras. Muitas vezes, a frustração causada por um evento pontual pode levar a uma decisão precipitada, que não reflete o contexto mais amplo. Quando um líder consegue gerenciar essas emoções momentâneas, ele se coloca em uma posição de maior clareza e foco, resultando em decisões mais assertivas e equilibradas.

14.3 RECONHECENDO E RESPEITANDO AS EMOÇÕES DOS OUTROS

Um dos maiores desafios para líderes é lidar com as emoções das pessoas ao seu redor. Cada membro da equipe traz consigo uma carga emocional única, que influencia diretamente o ambiente de trabalho e a dinâmica do grupo. Portanto, o líder precisa ser capaz de reconhecer e respeitar as emoções dos outros para construir uma equipe coesa e motivada.

Reconhecer as emoções dos outros começa com a empatia. Um líder empático se coloca no lugar do outro e tenta entender como ele se sente diante de determinada situação. Isso pode ser feito por meio da escuta ativa, em que o líder presta atenção total ao que o outro está comunicando, tanto verbalmente quanto por meio de sua linguagem corporal. Perguntas abertas e demonstrações de interesse genuíno ajudam a criar um espaço seguro para que os colaboradores compartilhem suas preocupações, frustrações ou medos.

Respeitar as emoções dos outros, no entanto, não significa sempre concordar ou ceder, mas sim reconhecer que essas emoções são válidas e importantes para a pessoa. Quando um líder valida as emoções de um colaborador, mesmo em situações difíceis, ele constrói um relacionamento baseado na confiança. Por exemplo, ao lidar com um funcionário que está frustrado com um projeto, o líder pode reconhecer o esforço da pessoa e oferecer apoio para superar o obstáculo, em vez de ignorar ou minimizar o sentimento de frustração.

Além disso, é importante que o líder entenda que as emoções podem afetar diretamente o desempenho de sua equipe. Um colaborador que se sente desvalorizado ou ignorado provavelmente terá sua motivação e produtividade reduzidas. Portanto, ao reconhecer e respeitar as emoções dos outros, o líder cria um ambiente mais saudável, onde as pessoas se sentem à vontade para expressar seus sentimentos e colaborar de maneira mais eficaz.

14.4 TÉCNICAS PARA MELHORAR SUA INTELIGÊNCIA EMOCIONAL

Embora a inteligência emocional seja uma habilidade que algumas pessoas parecem ter de forma natural, ela pode ser desenvolvida e aprimorada com prática e dedicação. Existem várias técnicas que os líderes podem adotar para melhorar sua IE e, consequentemente, sua capacidade de liderar com eficácia.

1. Prática do *Mindfulness*: o *mindfulness* é uma prática que ensina as pessoas a estarem presentes no momento, sem julgamentos. Ao praticar *mindfulness*, os líderes aprendem a observar seus pensamentos e emoções sem reagir de forma impulsiva. Isso ajuda a aumentar o autoconhecimento e a capacidade de gerenciar o estresse e as emoções em situações difíceis.

2. *Feedback* 360 graus: uma maneira eficaz de melhorar a inteligência emocional é buscar *feedback* contínuo de colegas, subordinados e superiores. O *feedback* 360 graus permite que o líder tenha uma visão mais ampla de como suas emoções e comportamentos impactam os outros, ajudando a identificar áreas que precisam de melhorias.

3. Escuta Ativa: praticar a escuta ativa é uma maneira poderosa de desenvolver a empatia. Quando um líder escuta ativamente, ele não apenas ouve as palavras, mas também presta atenção às emoções e intenções por trás delas. Isso ajuda a entender melhor as necessidades e preocupações dos membros da equipe.

4. Controle da Respiração: o controle da respiração é uma técnica simples, mas eficaz, para gerenciar o estresse e as emoções intensas. Respirar profundamente durante alguns minutos ajuda a desacelerar a resposta emocional do corpo, permitindo que o líder recupere a clareza mental antes de tomar decisões.

5. Desenvolvimento de Empatia: a empatia pode ser cultivada ao aprender mais sobre as experiências e perspectivas dos outros. Leitura de livros, participação em treinamentos sobre diversidade e inclusão, e até mesmo conversas abertas com a equipe são maneiras de expandir a compreensão do líder sobre as emoções dos outros.

6. Prática do autodiálogo: O autodiálogo positivo ajuda o líder a controlar suas reações emocionais. Em vez de sucumbir a pensamentos negativos ou autocríticos, o líder pode adotar uma mentalidade mais construtiva e encorajadora, o que facilita a gestão das emoções em situações desafiadoras.

A inteligência emocional é uma habilidade essencial para os líderes modernos. Ao aprender a gerenciar suas próprias emoções e reconhecer as dos outros, os líderes conseguem tomar decisões mais equilibradas, criar ambientes de trabalho mais saudáveis e promover a colaboração dentro de suas equipes. Com a prática e o desenvolvimento contínuo dessas habilidades, a liderança se torna mais eficaz, empática e capaz de enfrentar os desafios com resiliência e sabedoria.

HISTÓRIA REAL: FLÁVIO AUGUSTO E A INTELIGÊNCIA EMOCIONAL NA CONSTRUÇÃO DA WISE UP

Um exemplo brasileiro marcante de liderança com inteligência emocional é a história de Flávio Augusto da Silva, fundador da Wise Up, uma das maiores redes de escolas de inglês do Brasil. Flávio começou sua carreira como vendedor e, em 1995, com apenas 23 anos, fundou a Wise Up, que rapidamente se tornou um sucesso. A trajetória de Flávio não foi apenas marcada por habilidades técnicas de negócios, mas principalmente por sua capacidade de gerenciar emoções — tanto as suas quanto as de seus colaboradores — e utilizar a inteligência emocional como ferramenta de liderança.

Flávio sempre demonstrou um alto nível de autoconhecimento e controle emocional, fatores essenciais para o crescimento da Wise Up. Ele conta que, desde o início, enfrentou momentos de crise, desafios financeiros e a pressão de liderar uma empresa em rápida expansão. Em vez de reagir impulsivamente ou ser dominado por emoções negativas, Flávio aprendeu a gerenciar suas emoções e tomar decisões estratégicas, mesmo sob pressão.

Um momento crucial de sua liderança emocional aconteceu em 2013, quando ele decidiu vender a Wise Up para a Abril Educação por cerca de R$ 877 milhões. Para muitos, essa decisão parecia o fim de uma era, mas Flávio sabia que precisava se afastar para se concentrar em novos projetos. A venda não foi fácil emocionalmente, pois a Wise Up era uma empresa que ele havia criado do zero, com muito esforço e dedicação. Porém, sua capacidade de analisar suas emoções e focar no que era melhor para o futuro, tanto dele quanto da empresa, foi essencial para tomar a decisão correta.

Outro ponto notável na liderança de Flávio é sua empatia e habilidade de se conectar com as pessoas. Ele sempre valorizou a capacidade de entender o que motiva seus funcionários e como ajudá-los a desenvolver seu potencial. Durante os treinamentos e reuniões, Flávio dava grande atenção aos desafios e emoções de sua equipe, buscando maneiras de inspirá-los e motivá-los. Para ele, a chave para um ambiente de trabalho produtivo e inovador era uma equipe que se sentisse valorizada e compreendida.

Além disso, em 2015, Flávio recomprou a Wise Up, mais uma vez mostrando grande equilíbrio emocional. Ele percebeu que tinha mais a contribuir com o mercado de educação e decidiu voltar ao comando da empresa. Esse retorno foi planejado com uma estratégia clara e com um profundo entendimento das suas próprias emoções e das necessidades de seus colaboradores e clientes.

INSIGHT PRÁTICO: DECISÕES COM BASE NO AUTOCONHECIMENTO E EMPATIA

A história de Flávio Augusto da Silva nos traz um *insight* prático crucial: líderes emocionalmente inteligentes têm mais clareza para tomar decisões difíceis e para manter suas equipes motivadas. Flávio demonstrou, em várias fases de sua carreira, que a habilidade de gerenciar suas emoções e reconhecer as emoções dos outros pode ser a diferença entre uma liderança de curto prazo e uma liderança de impacto duradouro.

LIDERANÇA EM ASCENSÃO

Para os líderes que querem aprimorar sua inteligência emocional, o primeiro passo é o autoconhecimento. É essencial que o líder entenda suas próprias emoções e saiba como elas influenciam seu comportamento, especialmente em momentos de crise. Quando um líder está consciente de suas emoções, ele pode evitar tomar decisões impulsivas e aprender a responder, em vez de reagir, às situações difíceis.

Além disso, a empatia é uma ferramenta poderosa para a liderança eficaz. Um líder que se conecta emocionalmente com sua equipe, ouvindo seus desafios e reconhecendo suas emoções, constrói uma cultura de confiança e colaboração. Isso pode ser feito de maneira prática mediante reuniões de *feedback*, em que o líder escuta atentamente e demonstra compreensão, ou mesmo por meio de pequenos gestos de reconhecimento no dia a dia.

Por fim, o equilíbrio emocional é um dos maiores trunfos de um líder. Ao manter a calma sob pressão e gerenciar suas próprias emoções, o líder cria um exemplo para sua equipe, incentivando um ambiente de trabalho mais estável e produtivo. Flávio Augusto é a prova de que, ao combinar autoconhecimento e empatia, é possível não apenas superar desafios, mas também liderar com impacto e propósito.

CAPÍTULO
15
INSPIRANDO E MOTIVANDO SUA EQUIPE

15.1 COMO MANTER A MOTIVAÇÃO ELEVADA

Inspirar e motivar uma equipe é uma das principais responsabilidades de um líder. Manter os colaboradores engajados e dispostos a dar o seu melhor não é uma tarefa simples, especialmente em um ambiente de trabalho dinâmico e com desafios constantes. Neste capítulo, discutiremos como manter a motivação elevada, reconhecer o potencial de cada membro da equipe, criar um ambiente de trabalho inspirador e a importância de celebrar pequenas vitórias.

Manter a motivação elevada em uma equipe é essencial para a produtividade e o sucesso. Funcionários motivados tendem a ser mais comprometidos com suas tarefas e, consequentemente, geram resultados melhores. No entanto, a motivação não surge de forma automática; é necessário criar estratégias e um ambiente propício para que ela se mantenha constante.

Uma das maneiras mais eficazes de manter a motivação alta é garantir que os funcionários se sintam valorizados. Isso pode ser alcançado por meio de *feedback* contínuo, tanto positivo quanto construtivo. Quando os colaboradores percebem que seu trabalho é reconhecido e que suas contribuições fazem a diferença, eles se sentem mais engajados e motivados a continuar se esforçando. Reconhecer esforços, não apenas em grandes realizações, mas também no dia a dia, é fundamental para manter o ânimo e o comprometimento.

Outro fator importante é a clareza de objetivos. Colaboradores que sabem exatamente o que se espera deles, que têm metas claras e sabem como seu trabalho contribui para o sucesso da organização, tendem a ser mais motivados. Por isso, cabe ao líder comunicar de forma clara as expectativas e os objetivos da equipe, além de garantir que os recursos e o suporte necessários estejam disponíveis para que todos possam realizar suas tarefas de maneira eficiente.

Além disso, oferecer oportunidades de crescimento é uma das formas mais eficazes de manter a motivação a longo prazo. Funcionários que sentem que estão estagnados ou que não têm oportunidades de aprendizado e avanço em suas carreiras tendem a perder o entusiasmo. Por isso, investir em capacitação, treinamentos e planos de desenvolvimento individual pode fazer uma grande diferença no engajamento da equipe.

15.2 RECONHECENDO O POTENCIAL DA SUA EQUIPE

Um dos principais papéis de um líder é reconhecer e maximizar o potencial de cada membro da equipe. Nem sempre os colaboradores estão cientes de suas próprias capacidades, ou, em alguns casos, podem subestimar o valor que trazem para o grupo. Um líder eficaz precisa ser capaz de identificar esses talentos e ajudar a desenvolvê-los.

Reconhecer o potencial da equipe começa com a observação cuidadosa. Um líder atento consegue identificar quais são as forças de cada colaborador, seja na execução técnica de tarefas, seja em habilidades interpessoais, como comunicação ou resolução de conflitos. Além disso, é importante criar espaços para que os colaboradores possam explorar diferentes funções ou responsabilidades, possibilitando que talentos ocultos possam surgir.

Uma prática eficaz para reconhecer o potencial de uma equipe é a delegação estratégica. Delegar tarefas desafiadoras, mas dentro das capacidades dos colaboradores, pode ser uma excelente maneira de permitir que eles cresçam e descubram novos talentos. Ao confiar a um colaborador uma responsabilidade importante, o líder está comunicando sua crença nas habilidades daquele indivíduo, o que por si só é uma grande fonte de motivação.

LIDERANÇA EM ASCENSÃO

Também é fundamental criar uma cultura de aprendizado contínuo. Líderes que incentivam o desenvolvimento e a capacitação ajudam os membros da equipe a se tornarem mais confiantes e capazes. O reconhecimento não deve ser apenas das habilidades que o colaborador já possui, mas também de seu potencial de aprendizado e crescimento. Quando os funcionários percebem que estão sendo desafiados de maneira saudável, eles se tornam mais dispostos a desenvolver novas competências e a alcançar resultados mais significativos.

15.3 CRIANDO UM AMBIENTE DE TRABALHO INSPIRADOR

O ambiente de trabalho é um dos fatores mais influentes na motivação e na produtividade de uma equipe. Um ambiente inspirador não é apenas um lugar fisicamente agradável, mas também um espaço onde as pessoas se sentem encorajadas a inovar, colaborar e se expressar livremente. Criar esse tipo de ambiente é um dos maiores desafios para os líderes, mas também um dos que trazem os maiores retornos em termos de engajamento e desempenho.

Um ambiente inspirador começa com valores claros e bem definidos. Quando uma equipe compartilha uma visão comum e valores alinhados, os colaboradores se sentem mais conectados uns aos outros e ao propósito da organização. Para isso, o líder precisa comunicar regularmente a missão da empresa e como o trabalho de cada membro contribui para alcançar esses objetivos maiores. Um propósito claro e motivador pode fazer com que os colaboradores sintam que seu trabalho vai além de apenas cumprir metas — eles estão contribuindo para algo maior.

Outro fator importante é a autonomia. Colaboradores que têm autonomia em seu trabalho tendem a se sentir mais empoderados e motivados. Isso significa que o líder deve confiar em sua equipe e evitar o micro gerenciamento. Dar espaço para que os colaboradores tomem decisões e assumam a responsabilidade por suas tarefas cria um sentimento de propriedade sobre o trabalho, o que é uma forte fonte de motivação.

Além disso, a cultura de inovação deve ser promovida. Um ambiente onde as ideias são bem-vindas e as pessoas se sentem à vontade para propor novas soluções é um lugar onde a criatividade floresce. O líder deve incentivar a experimentação, aceitando que erros podem acontecer no processo de inovação, mas que eles são oportunidades de aprendizado. Um ambiente sem medo de falhas permite que os colaboradores se arrisquem e pensem fora da caixa, o que pode gerar resultados surpreendentes.

15.4 CELEBRANDO PEQUENAS VITÓRIAS

Celebrar pequenas vitórias é uma prática muitas vezes subestimada, mas que pode ter um impacto profundo na motivação e no moral de uma equipe. Ao reconhecer os pequenos progressos, o líder mantém o ânimo elevado e reforça a importância do esforço contínuo.

Pequenas vitórias são aquelas conquistas diárias que, embora pareçam insignificantes no momento, contribuem para o avanço em direção a um objetivo maior. Ao celebrá-las, o líder está enviando uma mensagem clara de que todo esforço conta, e que o caminho para grandes realizações é feito de pequenos passos. Isso não só ajuda a manter o foco e o engajamento, mas também reforça a confiança dos colaboradores.

As celebrações podem ser simples, como um agradecimento em uma reunião, uma menção em um e-mail para a equipe, ou até mesmo pequenas recompensas, como um café ou um almoço em grupo. O importante é que essas vitórias sejam reconhecidas de forma pública, para que os colaboradores sintam que seus esforços são valorizados e que estão no caminho certo.

Além disso, celebrar pequenas vitórias ajuda a manter a equipe motivada em projetos de longo prazo. Quando um projeto grande se estende por semanas ou meses, é fácil perder o entusiasmo e a sensação de progresso. Ao dividir esses projetos em etapas menores e reconhecer cada uma delas, o líder mantém o sentimento de avanço constante, o que evita a desmotivação e o cansaço.

Inspirar e motivar uma equipe é um processo contínuo que envolve diversas estratégias e abordagens. Manter a motivação elevada, reconhecer o potencial da equipe, criar um ambiente de trabalho inspirador e celebrar pequenas vitórias são práticas essenciais para garantir que os colaboradores se sintam engajados e dispostos a dar o seu melhor. O papel do líder é fundamental nesse processo,

LIDERANÇA EM ASCENSÃO

pois é ele quem cria as condições para que a equipe se desenvolva e alcance resultados extraordinários. Ao adotar essas práticas, o líder não apenas melhora o desempenho da equipe, mas também promove um ambiente de trabalho mais saudável, colaborativo e produtivo.

HISTÓRIA REAL: A MOTIVAÇÃO E INSPIRAÇÃO DE LUIZA HELENA TRAJANO NA MAGAZINE LUIZA

Um exemplo brasileiro marcante de liderança que motiva e inspira sua equipe é o de Luiza Helena Trajano, presidente do conselho de administração do Magazine Luiza. Sob sua liderança, a empresa se transformou em uma das maiores varejistas do Brasil, com uma cultura organizacional voltada para o respeito ao colaborador, inovação e inclusão. Luiza sempre acreditou que o sucesso da empresa estava diretamente ligado à capacidade de motivar e inspirar as pessoas que nela trabalham.

Desde o início, Luiza Helena adotou uma abordagem de proximidade com os colaboradores. Uma de suas ações mais notáveis foi criar uma política de portas abertas, em que qualquer colaborador, de qualquer nível hierárquico, poderia expressar suas ideias, preocupações ou sugestões diretamente à liderança. Isso gerou um ambiente de trabalho onde as pessoas se sentiam ouvidas e valorizadas, o que é um fator crucial para a motivação.

Um exemplo claro disso ocorreu durante a crise financeira de 2015. O setor de varejo no Brasil enfrentava grandes dificuldades, e o Magazine Luiza também sofreu com a queda nas vendas. Em vez de adotar uma postura de corte agressivo de pessoal ou de medidas severas, Luiza adotou a estratégia de engajar ainda mais sua equipe. Ela realizou várias reuniões com os colaboradores, explicando a situação da empresa de maneira transparente e pedindo sugestões sobre como superar os desafios.

A resposta foi surpreendente: os funcionários se sentiram parte da solução. Diversas ideias surgiram para otimizar processos, reduzir custos e melhorar a experiência dos clientes. Essa postura colaborativa, que reconhecia o potencial da equipe e incentivava o protagonismo de cada colaborador, ajudou o Magazine Luiza a passar pela crise de maneira muito mais eficiente do que muitos de seus concorrentes.

Outro ponto central na liderança de Luiza foi o reconhecimento constante das pequenas vitórias. Mesmo em momentos de dificuldade, ela fazia questão de comemorar as pequenas conquistas de sua equipe. Um exemplo disso foi a implantação do sistema de e-commerce do Magazine Luiza, que começou de maneira modesta e com desafios significativos, mas cresceu ao longo do tempo. A cada nova fase implementada com sucesso, Luiza fazia questão de reconhecer os esforços de todos os envolvidos, desde o desenvolvimento tecnológico até o atendimento ao cliente.

Essa combinação de proximidade, reconhecimento e estímulo à colaboração criou uma cultura de alta motivação e, como resultado, o Magazine Luiza conseguiu crescer exponencialmente. Em 2020, a empresa se consolidou como uma das principais varejistas digitais do país, sendo referência em inovação e cultura organizacional.

INSIGHT PRÁTICO: TRANSPARÊNCIA, VALORIZAÇÃO E RECONHECIMENTO

A história de Luiza Helena Trajano oferece um *insight* prático crucial para líderes: a motivação da equipe está intimamente ligada à forma como o líder se comunica e valoriza as contribuições de cada colaborador. Em tempos de crise ou desafios, a transparência e a inclusão de todos na busca por soluções criam um senso de pertencimento e responsabilidade.

O líder deve garantir que sua equipe compreenda os desafios que a organização enfrenta, ao mesmo tempo que valoriza as ideias e esforços de cada indivíduo. Uma maneira prática de implementar isso é realizando reuniões regulares em que os colaboradores possam expressar seus pontos de vista e participar das decisões. Outro passo é o reconhecimento constante, não apenas das grandes realizações, mas das pequenas vitórias diárias que contribuem para o progresso da equipe e da empresa.

Para o líder que deseja inspirar e motivar sua equipe de maneira eficaz, ser acessível, transparente e celebrar até as menores conquistas são atitudes que fortalecem a confiança e o comprometimento da equipe. Luiza Helena Trajano mostrou que esses valores podem transformar não apenas uma empresa, mas também a vida de milhares de pessoas que se sentem motivadas a dar o melhor de si diariamente.

CAPÍTULO
16
LIDERANDO COM INTEGRIDADE

16.1 O VALOR DA ÉTICA NA LIDERANÇA

No mundo corporativo em constante transformação, em que resultados rápidos e competitividade muitas vezes se sobrepõem aos valores, a liderança com integridade torna-se um diferencial essencial. Este capítulo aborda a necessidade vital de que os líderes cultivem e mantenham uma postura íntegra. A integridade é, antes de mais nada, a base sobre a qual se constrói uma liderança verdadeiramente inspiradora e duradoura.

Nesse contexto, liderar com integridade não é apenas um ato individual; é um compromisso com o propósito de guiar os outros por meio de valores sólidos e uma visão clara, mesmo em momentos de pressão e adversidade. A verdadeira liderança envolve mais do que apenas o cumprimento de metas; envolve a construção de um legado de confiança e respeito.

A ética é o alicerce de qualquer liderança que almeje ser inspiradora. Para que uma equipe confie plenamente em seu líder, é fundamental que ele ou ela não apenas fale sobre integridade, mas a viva em suas ações diárias. Isso cria um ambiente em que os colaboradores se sentem seguros para inovar, errar e aprender, sabendo que estão sendo liderados por alguém comprometido com o bem maior e o crescimento mútuo.

Ser ético na liderança não significa apenas seguir regras ou regulamentos; vai além disso. Implica fazer o que é certo, mesmo quando ninguém está olhando. Os líderes éticos são aqueles que têm coragem de defender o que acreditam ser correto, mesmo que isso vá contra a maré popular. Esse tipo de liderança gera respeito, admiração e uma cultura organizacional mais saudável e produtiva.

Um líder sem uma base ética sólida está fadado ao fracasso a longo prazo, pois suas decisões, quando não fundamentadas em valores sólidos, tendem a prejudicar o bem-estar de suas equipes e a sustentabilidade da organização. A ética, portanto, é o pilar que sustenta a confiança, e sem confiança, a verdadeira liderança se torna impossível. Quando os valores éticos são negligenciados, todo o processo de liderança entra em colapso, causando danos profundos às relações e ao desempenho.

16.2 COMO TOMAR DECISÕES COM INTEGRIDADE

A tomada de decisões é um dos momentos mais críticos da liderança. Para que um líder seja verdadeiramente íntegro, suas decisões devem ser fundamentadas em valores e princípios, e não apenas em vantagens imediatas ou pressões externas. Isso pode ser desafiador, especialmente em ambientes onde o sucesso é medido por métricas financeiras e resultados de curto prazo.

Tomar decisões com integridade exige, antes de tudo, uma profunda autoconsciência. O líder precisa estar ciente de suas próprias crenças, valores e limites. Ele deve estar disposto a questionar suas motivações internas e as influências externas que possam desviar sua decisão de um caminho ético. A integridade exige que o líder faça uma pausa e reflita sobre as possíveis consequências de suas escolhas, considerando o impacto não apenas para a organização, mas também para seus colaboradores e para a sociedade como um todo.

É importante lembrar que as decisões tomadas com integridade nem sempre serão as mais populares. Às vezes, o líder precisará enfrentar críticas ou resistências ao seguir o caminho certo. No entanto, ao longo do tempo, essa postura coerente se tornará um marco de sua liderança, criando um legado de confiança e respeito que transcende as pressões momentâneas.

LIDERANÇA EM ASCENSÃO

Além disso, ao tomar decisões com integridade, o líder serve como exemplo para toda a organização. Ele ensina aos seus colaboradores que o sucesso a qualquer custo não é aceitável e que é possível atingir resultados excepcionais sem comprometer valores fundamentais. Essa abordagem reforça uma cultura de responsabilidade, em que cada indivíduo sente-se responsável não apenas por suas tarefas, mas pelo impacto de suas ações no todo.

16.3 A IMPORTÂNCIA DE SER UM EXEMPLO DE CONDUTA

Liderar pelo exemplo é uma das formas mais eficazes de inspirar uma equipe a seguir um caminho de integridade e sucesso. Quando um líder age com honestidade, transparência e respeito, essas qualidades se refletem no comportamento dos membros de sua equipe. Ao ser um exemplo de conduta, o líder transforma seus valores em ações tangíveis que outros podem observar e, eventualmente, emular.

A importância de ser um exemplo de conduta é amplificada em tempos de crise ou incerteza. Nesses momentos, as pessoas olham para seus líderes em busca de orientação e estabilidade. Se o líder se manter firme em seus princípios e demonstrar uma postura ética, ele será uma âncora para a equipe. Por outro lado, se o líder comprometer seus valores em troca de uma solução rápida ou temporária, ele perderá a confiança de sua equipe, o que pode resultar em desmotivação e declínio de performance.

Ser um exemplo de conduta não significa ser perfeito. Os líderes também são humanos e cometem erros. O diferencial de um líder íntegro está na forma como ele lida com seus erros. Ao reconhecer uma falha e buscar repará-la de maneira ética, o líder demonstra humildade e responsabilidade, duas qualidades essenciais para uma liderança inspiradora.

No longo prazo, ser um exemplo de conduta ética cria uma cultura de integridade dentro da organização. Quando os colaboradores percebem que a liderança valoriza e pratica a honestidade e a justiça, eles se sentem mais motivados a seguir o mesmo caminho, reforçando os valores da empresa em cada decisão e ação cotidiana.

16.4 VENCENDO PRESSÕES PARA COMPROMETER SEUS VALORES

Em um mundo de negócios dinâmico e altamente competitivo, é inevitável que os líderes enfrentem pressões para comprometer seus valores. Essas pressões podem vir de diferentes direções: acionistas que demandam resultados imediatos, mercados em crise, concorrência acirrada ou mesmo membros da equipe que questionam o valor da ética diante de dificuldades.

Vencer essas pressões exige resiliência e clareza de propósito. O líder que tem uma visão clara do que é mais importante a longo prazo — e que entende que o sucesso verdadeiro não pode ser construído sobre um alicerce de concessões antiéticas — será mais capaz de resistir a essas pressões.

Uma das maneiras mais eficazes de superar essas pressões é cultivar uma cultura organizacional na qual os valores éticos são inegociáveis. Isso significa que, desde o início, o líder deve comunicar claramente quais são os princípios norteadores da organização e qual é o compromisso de todos em manter esses valores, independentemente das circunstâncias. Quanto mais forte for essa cultura, mais difícil será para pressões externas ou internas erodirem os alicerces éticos.

Além disso, os líderes precisam criar redes de apoio, tanto dentro quanto fora da organização. Ter mentores, conselheiros e parceiros de confiança, com quem o líder pode discutir dilemas éticos e buscar orientação, é fundamental para manter o foco e resistir à tentação de comprometer seus valores em momentos de dificuldade.

Outro ponto importante é a capacidade do líder de manter a perspectiva. Muitas vezes, as pressões para comprometer a integridade surgem em situações que parecem desesperadoras ou críticas. No entanto, ao adotar uma visão de longo prazo e lembrar que suas decisões de hoje impactarão o legado que ele deixará, o líder pode encontrar forças para manter seus valores intactos.

Liderar com integridade é uma jornada contínua, repleta de desafios, mas também de profundas recompensas. Ao priorizar a ética, tomar decisões com base em princípios sólidos, ser um exemplo de conduta e resistir às pressões para comprometer seus valores,

LIDERANÇA EM ASCENSÃO

o líder constrói uma base sólida para uma liderança inspiradora e duradoura. Destacamos ainda que a integridade é uma qualidade indispensável para quem deseja não apenas liderar, mas também inspirar e deixar um legado positivo no mundo.

HISTÓRIA REAL

Em 2008, durante a crise financeira global, Howard Schultz, CEO da Starbucks, enfrentou um dilema que colocaria à prova sua integridade como líder. A empresa estava em dificuldades devido à recessão, e muitos executivos sugeriram que ele cortasse benefícios dos funcionários, como o plano de saúde, para reduzir os custos e salvar a empresa. Para a maioria das grandes corporações, esse seria um passo comum em tempos de crise, visto como uma forma eficaz de manter a lucratividade.

No entanto, Schultz era conhecido por ser um líder que priorizava o bem-estar de seus colaboradores. Ele acreditava profundamente que os funcionários eram a alma da Starbucks e, portanto, cortar esses benefícios, que ele via como um direito e uma demonstração de respeito, não era uma opção ética. Mesmo sob intensa pressão financeira e críticas de outros executivos, ele se recusou a comprometer os valores da empresa.

Em vez disso, Schultz optou por fechar temporariamente centenas de lojas para reestruturar a operação, melhorar o treinamento e buscar outras formas de corte de custos que não prejudicassem diretamente os empregados. Essa decisão, embora arriscada e inicialmente impopular, permitiu à Starbucks não apenas sobreviver à crise, mas também sair dela mais forte. A integridade de Schultz em manter o compromisso com seus funcionários gerou uma lealdade interna e externa, solidificando a reputação da marca.

INSIGHT PRÁTICO

Uma das lições mais valiosas dessa história é que um líder íntegro deve estar preparado para fazer sacrifícios e tomar decisões difíceis que priorizem os valores da organização e das pessoas, mesmo quando essas escolhas parecem menos vantajosas a curto prazo. A liderança com integridade exige coragem para resistir à tentação de soluções fáceis ou populares e um foco constante em criar um legado duradouro, baseado na confiança e no respeito.

Ao enfrentar pressões externas para comprometer seus valores, um líder deve sempre buscar alternativas criativas que alinhem a sobrevivência da empresa com os princípios éticos. Estabelecer diálogos francos com a equipe e encontrar soluções colaborativas pode ajudar a empresa a superar dificuldades sem sacrificar seus valores fundamentais.

CAPÍTULO
17
RESILIÊNCIA E PERSEVERANÇA

17.1 COMO SUPERAR DESAFIOS NA LIDERANÇA

A liderança, por sua própria natureza, é uma jornada repleta de desafios. Independentemente do quão preparado o líder possa estar, haverá momentos de crise, pressão e incerteza. Esses momentos não apenas testam as habilidades técnicas de um líder, mas também seu caráter e resiliência emocional. Nesse contexto, a resiliência e a perseverança surgem como qualidades fundamentais para quem deseja liderar com sucesso e inspiração, enfrentando as adversidades inevitáveis ao longo do caminho.

Ser resiliente é mais do que apenas suportar as dificuldades; é a capacidade de se adaptar, crescer e encontrar oportunidades nos momentos mais desafiadores. A perseverança, por outro lado, é a força que mantém o líder no caminho, mesmo quando tudo parece estar contra ele. Esses dois traços, quando combinados, formam a espinha dorsal de uma liderança forte e duradoura. Desafios são inevitáveis na liderança, seja em momentos de crise econômica, mudanças no mercado ou problemas internos na equipe. Um líder eficaz precisa não apenas enfrentar esses desafios de frente, mas também transformar adversidades em oportunidades para o crescimento e a inovação. O primeiro passo para superar desafios é mudar a forma como eles são vistos: em vez de considerá-los obstáculos intransponíveis, o líder deve encará-los como oportunidades para aprender e evoluir.

Em muitos casos, o que diferencia um líder bem-sucedido de um líder mediano não é a ausência de dificuldades, mas sim a capacidade de lidar com elas de maneira estratégica e com uma mentalidade positiva. A primeira habilidade a ser desenvolvida é a capacidade de avaliar a situação de forma objetiva. Quando um desafio surge, o líder precisa ter clareza para entender as causas, o impacto e as possíveis soluções. Muitas vezes, o medo ou a pressão pode nublar o julgamento, mas é fundamental manter a calma e tomar decisões embasadas em dados e fatos. Além disso, um líder resiliente sabe que pedir ajuda é um sinal de força, não de fraqueza. Contar com uma rede de suporte, seja por meio de colegas, mentores ou especialistas, é fundamental para encontrar soluções que talvez não tenham sido consideradas inicialmente. A capacidade de se comunicar de forma clara com a equipe durante períodos de crise também é essencial. Ao ser transparente sobre os desafios enfrentados, o líder fortalece o vínculo com seus colaboradores, criando um senso de unidade e propósito compartilhado.

17.2 APRENDENDO COM OS FRACASSOS

Fracassos são parte inevitável da jornada de qualquer líder. Porém, o que diferencia um líder resiliente de um líder comum é a forma como ele lida com os fracassos. Em vez de ver o fracasso como um fim, o líder resiliente o enxerga como um ponto de aprendizado, uma oportunidade para ajustar o curso e aprimorar suas habilidades. Grandes líderes entendem que o fracasso faz parte do processo de crescimento e inovação, e, mais importante, eles não têm medo de falhar.

Aprender com o fracasso começa com a aceitação. Muitos líderes, especialmente aqueles que têm uma carreira baseada em sucesso contínuo, podem ter dificuldade em admitir quando erram. No entanto, o primeiro passo para aprender com o fracasso é admitir que ele aconteceu. Reconhecer os erros, tanto em decisões estratégicas quanto em erros de julgamento, abre espaço para a análise e o aprendizado.

Após a aceitação, o próximo passo é a reflexão. Em vez de simplesmente passar para o próximo desafio, o líder resiliente reserva

LIDERANÇA EM ASCENSÃO

um tempo para analisar o que deu errado. Isso envolve não apenas olhar para os erros, mas também identificar as causas subjacentes e como eles podem ser evitados no futuro. Perguntas como: "O que eu poderia ter feito de diferente?" e "O que isso me ensina sobre minha abordagem à liderança?" são fundamentais nesse processo.

Por fim, é essencial compartilhar esses aprendizados com a equipe. Mostrar vulnerabilidade e humildade ao falar sobre fracassos cria uma cultura de confiança e aprendizado contínuo. Os membros da equipe se sentirão mais seguros para experimentar, inovar e até falhar, sabendo que o foco estará no aprendizado e não na punição.

17.3 CONSTRUINDO RESILIÊNCIA NA SUA EQUIPE

Um líder resiliente é um ativo inestimável para uma organização, mas uma equipe resiliente pode ser o verdadeiro diferencial entre o sucesso e o fracasso em tempos de crise. Construir uma equipe resiliente requer esforço consciente e um ambiente de trabalho que favoreça a adaptação, a cooperação e o crescimento diante das adversidades.

A construção de resiliência começa com a criação de um ambiente psicológico seguro. Quando os membros da equipe sentem que podem se expressar sem medo de julgamento ou punição, eles se tornam mais propensos a colaborar, compartilhar ideias e enfrentar desafios de maneira proativa. Um ambiente de confiança permite que a equipe se una e trabalhe em direção a soluções, em vez de ser paralisada pelo medo de errar.

Outro elemento essencial para construir resiliência na equipe é o desenvolvimento de habilidades adaptativas. O líder deve garantir que seus colaboradores tenham as ferramentas e os conhecimentos necessários para lidar com situações inesperadas. Isso pode incluir treinamentos regulares, simulações de cenários de crise e oportunidades de desenvolvimento contínuo. Quanto mais preparada estiver a equipe, maior será sua capacidade de se ajustar a mudanças e se recuperar rapidamente de contratempos.

Finalmente, é importante que o líder incentive uma mentalidade de crescimento dentro da equipe. A resiliência vem, em parte, da crença de que é possível aprender e melhorar constantemente.

Quando os membros da equipe enxergam os desafios como oportunidades de aprendizado, eles se tornam mais resilientes. O líder deve modelar essa mentalidade, demonstrando que o erro é parte do processo de crescimento e que cada obstáculo pode ser superado com a atitude certa.

17.4 MANTENDO A PERSEVERANÇA MESMO EM SITUAÇÕES DIFÍCEIS

A perseverança é a força silenciosa que impulsiona o líder a continuar, mesmo quando as circunstâncias são desafiadoras. Manter a perseverança em tempos de dificuldade requer uma combinação de foco, propósito e força emocional. O líder que persevera é aquele que acredita na visão de longo prazo, mesmo quando os resultados imediatos parecem distantes.

Em situações difíceis, a perseverança começa com o compromisso com a visão maior. Um líder com uma visão clara é capaz de manter o foco no que realmente importa, mesmo quando enfrenta obstáculos. A capacidade de manter essa perspectiva é o que ajuda o líder a continuar, mesmo quando o caminho é difícil. Lembrar constantemente o "porquê" por trás das ações é fundamental para manter a motivação e a determinação.

Além disso, é importante que o líder gerencie sua energia e emoções de maneira eficaz. Situações desafiadoras podem ser emocionalmente desgastantes, e o líder precisa ser capaz de cuidar de sua saúde mental e física para manter a perseverança. Isso pode incluir práticas como meditação, exercícios físicos e buscar apoio emocional em sua rede de contatos. Um líder que cuida de si mesmo está melhor preparado para cuidar de sua equipe e manter a perseverança diante de dificuldades.

Finalmente, o líder que persevera é aquele que abraça a flexibilidade. Às vezes, manter a perseverança significa adaptar a estratégia, mudar o plano ou ajustar expectativas. A capacidade de se ajustar sem perder de vista o objetivo final é uma das principais marcas de um líder perseverante. Isso não significa desistir de seus princípios, mas sim encontrar novos caminhos para alcançar o sucesso, mesmo quando o caminho original não é mais viável.

Resiliência e perseverança são qualidades essenciais para qualquer líder que aspire a inspirar e alcançar o sucesso duradouro.

LIDERANÇA EM ASCENSÃO

Neste livro, ressaltamos que essas qualidades são vistas como pilares que sustentam uma liderança forte e adaptável. Ao superar desafios, aprender com os fracassos, construir resiliência na equipe e manter a perseverança em situações difíceis, o líder não apenas se torna mais forte, mas também inspira aqueles ao seu redor a fazer o mesmo. Esses traços, quando cultivados, se tornam ferramentas poderosas para navegar pelos altos e baixos da jornada de liderança, garantindo que o sucesso seja alcançado de maneira sustentável e ética.

HISTÓRIA REAL

Um exemplo brasileiro de resiliência e perseverança na liderança é a história de Luiza Helena Trajano, presidente do conselho do Magazine Luiza. Nos anos 90, o varejo brasileiro estava passando por um momento complicado, com inflação elevada, mudanças econômicas e um mercado cada vez mais competitivo. Naquela época, o Magazine Luiza era uma rede de lojas regionais no interior de São Paulo, enfrentando dificuldades para expandir e se consolidar no cenário nacional.

Apesar dos desafios econômicos e da pressão para adotar práticas tradicionais de corte de custos e demissões, Luiza Helena Trajano seguiu uma abordagem diferente. Ela acreditava que o sucesso de longo prazo só poderia ser alcançado por meio da inovação e do cuidado com as pessoas. Investiu em tecnologia e em capacitação dos funcionários, criando um ambiente onde todos se sentiam parte da missão da empresa. Sua liderança focada em resiliência e perseverança ajudou a preparar o Magazine Luiza para competir em um mercado mais amplo.

Uma das maiores provas de sua perseverança ocorreu durante a crise econômica de 2015-2016, quando o país passou por uma forte recessão. Enquanto muitas empresas de varejo estavam fechando lojas, Trajano manteve sua confiança na visão de longo prazo, e sua empresa continuou investindo no digital e na melhoria do atendimento ao cliente.

Ela também manteve a cultura de valorização das pessoas, ao invés de cortar drasticamente custos com pessoal.

Essa estratégia se mostrou eficaz. Quando o cenário econômico começou a melhorar, o Magazine Luiza já estava preparado para atender às novas demandas do consumidor digital, liderando a transformação digital no varejo brasileiro. Sua resiliência e foco na inovação ajudaram a empresa a se tornar uma das maiores e mais bem-sucedidas redes de varejo do Brasil.

INSIGHT PRÁTICO

A história de Luiza Helena Trajano demonstra que, em tempos de crise, manter o foco na inovação e nas pessoas pode ser o diferencial para superar os desafios.

Um líder resiliente deve ser capaz de olhar além das crises imediatas e investir em áreas que garantam o sucesso futuro, como a inovação tecnológica e o desenvolvimento de equipes. Durante os períodos difíceis, manter uma visão clara de longo prazo e fortalecer a cultura organizacional são estratégias essenciais para assegurar que a empresa esteja pronta para crescer quando as condições melhorarem.

CAPÍTULO
18
DESENVOLVIMENTO CONTÍNUO

18.1 A IMPORTÂNCIA DO CRESCIMENTO PESSOAL E PROFISSIONAL

O desenvolvimento contínuo é um dos pilares fundamentais da liderança. Líderes que desejam inspirar e alcançar o sucesso em suas jornadas devem estar comprometidos com o aprendizado e o crescimento em todas as fases de suas carreiras. O mundo dos negócios e das organizações está em constante mudança, exigindo que os líderes se adaptem, aprendam novas habilidades e ajustem suas abordagens para manter a eficácia e relevância.

Desenvolvimento contínuo não se limita ao aprimoramento de habilidades técnicas; ele envolve também o crescimento pessoal, emocional e intelectual, que reflete no comportamento, nas decisões e na capacidade de inspirar aqueles que estão ao redor. Um líder que busca o crescimento contínuo demonstra humildade, abertura para novas ideias e uma paixão por alcançar o seu melhor potencial.

O crescimento pessoal e profissional andam de mãos dadas. Um líder que negligencia o desenvolvimento pessoal não conseguirá crescer plenamente em sua carreira. O autoconhecimento, a gestão emocional e a melhoria das relações interpessoais são tão importantes quanto a aquisição de novas competências técnicas.

Crescimento pessoal significa estar ciente de suas próprias forças e fraquezas, sendo capaz de gerenciar emoções, construir relacionamentos saudáveis e lidar com situações adversas com equilíbrio. Ao focar no desenvolvimento pessoal, o líder aprende a reconhecer seus próprios gatilhos emocionais e a responder de forma eficaz aos desafios, tornando-se uma presença mais estável e confiável para sua equipe.

No aspecto profissional, o desenvolvimento contínuo é crucial para se manter atualizado em um ambiente de trabalho em constante mudança. Tecnologias emergentes, novas metodologias e mudanças no comportamento do consumidor exigem que o líder esteja sempre aprendendo. Esse comprometimento com o crescimento profissional não só melhora a performance individual, como também aumenta a competitividade da organização.

Quando o líder se compromete com seu crescimento pessoal e profissional, ele está, essencialmente, estabelecendo um exemplo para sua equipe. Os membros da equipe observam seu líder com admiração e tendem a seguir o mesmo caminho, criando uma cultura organizacional de aprendizado e evolução constante.

18.2 COMO CRIAR UM PLANO DE DESENVOLVIMENTO PESSOAL

Um plano de desenvolvimento pessoal é uma ferramenta essencial para direcionar e medir o crescimento ao longo do tempo. Sem um plano estruturado, o desenvolvimento pode se tornar inconsistente e disperso. A criação de um plano de desenvolvimento permite que o líder mantenha o foco em áreas prioritárias e desenvolva as habilidades que mais o beneficiarão no futuro.

O primeiro passo para criar um plano de desenvolvimento pessoal é realizar uma autoavaliação honesta. Isso envolve uma análise profunda das áreas nas quais o líder precisa melhorar, sejam elas habilidades técnicas, comportamentais ou emocionais. É importante ser transparente consigo mesmo nesse processo, reconhecendo não apenas as habilidades que precisam ser desenvolvidas, mas também os pontos fortes que podem ser aprimorados.

Após essa autoavaliação, é importante estabelecer metas claras e mensuráveis. Essas metas devem ser específicas, realistas e alinhadas com a visão de longo prazo do líder. Por exemplo, se a comunicação é uma área a ser desenvolvida, a meta pode ser participar de cursos de oratória ou treinar a habilidade em apresentações e reuniões importantes. Estabelecer prazos para essas metas é crucial para manter o foco e garantir o progresso.

Outro aspecto importante na criação de um plano de desenvolvimento é a identificação de recursos. Quais cursos, livros, *workshops* ou treinamentos serão necessários para atingir as metas estabelecidas? Além disso, buscar oportunidades para aplicar o aprendizado no dia a dia, como liderar projetos ou participar de comitês, pode acelerar o crescimento.

Por fim, é necessário revisar e ajustar o plano de desenvolvimento regularmente. À medida que o líder atinge algumas metas e novas necessidades surgem, o plano deve ser adaptado para refletir o crescimento contínuo. O desenvolvimento pessoal não é estático, e o plano deve ser flexível o suficiente para acomodar novas oportunidades e desafios.

18.3 BUSCANDO MENTORIAS E *FEEDBACK*

Nenhum líder pode crescer sozinho. A busca por mentoria e *feedback* são componentes essenciais para o desenvolvimento contínuo, fornecendo perspectivas externas que ajudam o líder a identificar áreas de melhoria e novos caminhos de crescimento.

A mentoria é um relacionamento poderoso entre alguém que tem mais experiência e conhecimento e um líder que está em busca de desenvolvimento. Um bom mentor oferece orientação, compartilha suas experiências e proporciona um ponto de vista externo sobre os desafios enfrentados pelo líder. Além disso, o mentor serve como uma fonte de inspiração, mostrando caminhos que o líder pode ainda não ter considerado.

Buscar mentoria é uma atitude de humildade. É o reconhecimento de que há sempre algo a aprender com aqueles que já trilharam o caminho que o líder está seguindo. Ao encontrar um mentor, é importante que o líder seja aberto e transparente sobre suas metas de desenvolvimento, para que o mentor possa fornecer o apoio mais relevante.

Além da mentoria, o *feedback* constante de colegas, superiores e subordinados é uma ferramenta poderosa para o crescimento. Muitas vezes, o líder pode não estar ciente de comportamentos que impactam negativamente sua equipe ou de oportunidades de melhoria em suas habilidades. Ao solicitar *feedback* de forma ativa e construtiva, o líder cria um ambiente de confiança e abertura, onde todos podem compartilhar suas perspectivas honestamente.

Entretanto, é importante que o *feedback* seja processado de forma equilibrada. Nem todo *feedback* será positivo ou fácil de ouvir, mas é fundamental que o líder receba as críticas de forma construtiva e as utilize como combustível para melhorar. Assim, ele demonstra maturidade e comprometimento com seu próprio desenvolvimento.

18.4 CULTIVANDO UMA MENTALIDADE DE APRENDIZAGEM CONTÍNUA

A mentalidade de aprendizagem contínua é o fundamento para o desenvolvimento pessoal e profissional. Ter essa mentalidade significa estar constantemente em busca de novas oportunidades de aprendizado, seja por meio de experiências práticas, leituras ou interações com outras pessoas.

Líderes com uma mentalidade de aprendizagem contínua entendem que o conhecimento é infinito e que o aprendizado não termina com a formação acadêmica ou o alcance de uma posição de liderança. Eles enxergam cada desafio como uma oportunidade para aprender algo novo e estão sempre abertos a novas ideias e perspectivas.

Essa mentalidade é muitas vezes descrita como "mentalidade de crescimento", um termo popularizado pela psicóloga Carol Dweck. Indivíduos com uma mentalidade de crescimento acreditam que suas habilidades e competências podem ser desenvolvidas com esforço e dedicação. Eles não se sentem ameaçados por críticas ou fracassos, mas os veem como oportunidades de crescimento.

Para cultivar essa mentalidade, o líder precisa criar um ambiente que valorize o aprendizado. Isso significa encorajar sua equipe a fazer perguntas, experimentar novas ideias e não temer o erro. É importante que o líder também modele esse comportamento, demonstrando sua própria busca por conhecimento, participando de cursos e discutindo abertamente seus aprendizados com a equipe.

Além disso, o líder deve estar atento às tendências do setor e às mudanças no mundo ao seu redor. Ler sobre novas tecnologias, métodos de gestão, e práticas de liderança em evolução é uma maneira eficaz de manter-se atualizado e garantir que seu estilo de liderança continue relevante.

Finalmente, é importante que o líder abrace a ideia de que o aprendizado é uma jornada, não um destino. O processo de desenvolvimento contínuo não tem fim, pois o ambiente de negócios, as demandas das equipes e o próprio mundo estão em constante mudança. Assim, a busca pelo conhecimento e pela melhoria pessoal deve ser uma prioridade constante.

O desenvolvimento contínuo é um dos pilares essenciais da liderança eficaz. Líderes que se comprometem com o crescimento pessoal e profissional criam planos de desenvolvimento, buscam mentoria e cultivam uma mentalidade de aprendizagem contínua estão preparados para enfrentar os desafios do futuro. Esse compromisso com o próprio desenvolvimento não só fortalece o líder, mas também inspira aqueles ao seu redor a perseguirem seus próprios caminhos de crescimento e sucesso.

HISTÓRIA REAL

Um exemplo brasileiro que ilustra o desenvolvimento contínuo é a trajetória de Jorge Paulo Lemann, um dos empresários mais bem-sucedidos do Brasil, cofundador da Ambev e um dos sócios da 3G Capital. Lemann sempre foi um defensor da busca constante por conhecimento e melhoria, não apenas para ele próprio, mas também para os líderes que ajudou a formar.

Apesar de já ter alcançado sucesso considerável no início de sua carreira, Lemann nunca se acomodou. Ele acreditava que o aprendizado contínuo era crucial para se manter competitivo. Ao longo dos anos, foi responsável por implementar a cultura de meritocracia e desenvolvimento pessoal em suas empresas. Ele também incentivou seus executivos a estudarem nas melhores universidades do mundo e a buscar novas formas de pensar, incorporando treinamentos frequentes e *feedbacks* contínuos para o desenvolvimento de seus colaboradores.

Um exemplo marcante dessa filosofia aconteceu quando ele e seus sócios adquiriram a Heinz, uma das maiores empresas de alimentos do mundo. Embora já fossem líderes em seus mercados, Lemann e sua equipe sabiam que havia muito a aprender sobre a indústria de alimentos e que não podiam subestimar a complexidade do novo negócio. Eles investiram tempo e recursos significativos em consultorias, programas de desenvolvimento, e mentorias com especialistas da área para garantir que estivessem prontos para enfrentar os desafios e transformar a Heinz em uma empresa mais eficiente e rentável.

Esse compromisso com o aprendizado e o crescimento contínuo é o que levou Jorge Paulo Lemann a ser reconhecido não apenas como um líder de sucesso, mas também como um modelo para outros empresários brasileiros e internacionais.

INSIGHT PRÁTICO

A história de Jorge Paulo Lemann demonstra que o desenvolvimento contínuo é uma das chaves para o sucesso sustentável. Independentemente do nível de sucesso já alcançado, é fundamental estar sempre aberto a aprender, evoluir e buscar novas formas de crescimento.

Para o líder, o aprendizado contínuo deve ser uma prioridade diária. Invista tempo em educação formal e informal, busque mentoria com especialistas de diversas áreas e incentive sua equipe a fazer o mesmo. Além disso, crie uma cultura organizacional que valorize o *feedback* constante e a troca de conhecimento, garantindo que todos na empresa estejam comprometidos com o crescimento pessoal e profissional.

CAPÍTULO
19
O PAPEL DO
FEEDBACK

19.1 COMO DAR *FEEDBACK* CONSTRUTIVO

O *feedback* é um dos pilares mais importantes para o desenvolvimento individual e coletivo dentro de uma organização. Um ambiente de trabalho em que o *feedback* é constantemente oferecido e recebido de maneira construtiva tende a ser mais dinâmico, eficiente e inovador. No entanto, muitas vezes o *feedback* é mal compreendido, mal utilizado ou até evitado. Para um líder, entender a importância do *feedback* e usá-lo de forma eficaz é essencial para o crescimento pessoal e da equipe.

Este capítulo explora o papel fundamental do *feedback* na liderança, abordando como ele pode ser uma ferramenta poderosa para o desenvolvimento, tanto na hora de oferecê-lo quanto de recebê-lo. Líderes que dominam a arte de fornecer *feedback* construtivo e receber *feedback* com humildade são mais capazes de promover uma cultura de crescimento contínuo, em que a melhoria de desempenho é uma meta constante.

Dar *feedback* construtivo é uma habilidade crucial para qualquer líder, mas também é uma das mais difíceis de dominar. A maneira como o *feedback* é entregue pode ter um impacto significativo na maneira como ele será recebido. Quando o *feedback* é mal comunicado, pode resultar em desmotivação, resistência ou até conflito. No entanto, quando feito corretamente, o *feedback* construtivo promove o crescimento, melhora o desempenho e fortalece a confiança entre líderes e colaboradores.

Para oferecer um *feedback* construtivo, o líder deve começar com uma preparação adequada. Isso significa que o *feedback* precisa ser baseado em observações objetivas e factuais, evitando julgamentos pessoais ou emoções negativas. É fundamental que o líder tenha em mente que o objetivo do *feedback* é ajudar a outra pessoa a melhorar, e não apenas apontar erros.

Uma abordagem eficaz para fornecer *feedback* é a técnica conhecida como "*feedback* sanduíche", que envolve iniciar com um comentário positivo, seguido por uma sugestão de melhoria, e finalizar com mais um comentário positivo. Essa abordagem equilibra as críticas com o reconhecimento do que está funcionando, tornando o *feedback* mais fácil de ser aceito. No entanto, o líder deve evitar transformar esse método em uma fórmula previsível, pois o *feedback* deve sempre ser autêntico e específico.

Outro elemento importante ao dar *feedback* é a clareza. O líder deve ser claro e direto sobre o que precisa ser melhorado, fornecendo exemplos específicos e sugestões práticas. É essencial que o colaborador entenda exatamente o que pode fazer para melhorar e tenha a chance de discutir como pode aplicar o *feedback* em situações futuras. Além disso, é importante criar um espaço aberto para que o colaborador também possa compartilhar suas perspectivas e discutir possíveis desafios que enfrenta.

Finalmente, o timing é essencial. O *feedback* deve ser oferecido o mais próximo possível do evento em questão, para que a situação ainda esteja fresca na mente do colaborador. No entanto, o líder também deve ter cuidado para escolher o momento certo, evitando dar *feedback* em momentos de alta emoção ou estresse.

19.2 RECEBER *FEEDBACK* COM HUMILDADE

Receber *feedback* pode ser desafiador, especialmente para líderes. No entanto, a capacidade de receber *feedback* com humildade é um sinal de maturidade e uma habilidade indispensável para quem deseja se desenvolver. Quando o líder demonstra abertura ao *feedback*, ele também estabelece um exemplo para sua equipe, criando uma cultura de aprendizado contínuo.

Um dos maiores obstáculos ao receber *feedback* é a reação defensiva. Muitas vezes, ao ouvir críticas, mesmo que construtivas, a tendência natural é justificar comportamentos ou minimizar os pontos levantados. No entanto, essa postura impede o crescimento e o aprendizado. Para receber *feedback* com humildade, o líder deve praticar a escuta ativa, ou seja, ouvir atentamente o que está sendo dito, sem interromper ou reagir imediatamente.

Parte do processo de receber *feedback* com humildade envolve a autoconsciência. Um líder que se conhece bem é mais capaz de aceitar críticas como oportunidades de melhoria, em vez de vê-las como ataques pessoais. Esse tipo de mentalidade de crescimento permite que o líder encare o *feedback* como uma chance de aprender algo novo sobre si mesmo e suas práticas.

Além disso, é importante agradecer a quem oferece o *feedback*, mesmo que o líder discorde em alguns pontos. Isso demonstra que o *feedback* é valorizado e encoraja os outros a continuar fornecendo comentários construtivos no futuro. Após refletir sobre o *feedback* recebido, o líder deve tomar medidas concretas para mostrar que está empenhado em melhorar. Essa atitude fortalece a confiança e o respeito mútuo dentro da equipe.

19.3 USANDO O *FEEDBACK* PARA MELHORAR A PERFORMANCE

O *feedback* não tem valor real se não for utilizado para provocar melhorias concretas. Tanto o líder quanto os colaboradores devem encarar o *feedback* como um mecanismo para impulsionar a performance e alcançar resultados superiores.

Para que o *feedback* se traduza em ações, é necessário que o líder ou o colaborador desenvolva um plano de ação após receber as sugestões de melhoria. Esse plano deve ser específico, com metas claras e prazos definidos para alcançar essas melhorias. Por exemplo, se um colaborador recebe *feedback* sobre a necessidade de melhorar suas habilidades de comunicação, o plano de ação pode incluir participar de um curso de comunicação, solicitar *feedback* frequente sobre sua evolução ou praticar suas habilidades em apresentações semanais.

No contexto da equipe, o *feedback* também pode ser usado para alinhamento de expectativas. Ao fornecer *feedback*, o líder deve garantir que os objetivos individuais dos colaboradores estejam em sintonia com os objetivos da organização. Isso ajuda a eliminar a ambiguidade e a garantir que todos estejam trabalhando em direção às mesmas metas.

Outro aspecto crucial é o acompanhamento. Oferecer *feedback* sem acompanhar o progresso cria um vácuo em que a melhora pode nunca acontecer. O líder deve agendar reuniões regulares de acompanhamento, nas quais o colaborador pode discutir seu progresso e receber *feedback* adicional. Esse ciclo contínuo de *feedback* e melhoria cria um processo de desenvolvimento constante, tanto para o colaborador quanto para o líder.

19.4 A CULTURA DE *FEEDBACK* CONTÍNUO

Para que o *feedback* seja eficaz de maneira sustentável, ele precisa ser parte integrante da cultura organizacional. Em muitas empresas, o *feedback* só é oferecido durante revisões formais de desempenho, o que pode ser ineficaz, pois os colaboradores recebem *feedback* tardio ou em um contexto limitado. Uma cultura de *feedback* contínuo encoraja o fornecimento e a recepção de *feedback* de forma regular, criando um ambiente onde o aprendizado é contínuo e as melhorias são constantes.

Para cultivar essa cultura, o líder deve ser o exemplo. Ele deve estar sempre disposto a oferecer e receber *feedback* de forma construtiva e transparente. Além disso, deve criar oportunidades para que o *feedback* seja dado de maneira natural e integrada ao fluxo de trabalho, e não apenas em momentos formais.

Ferramentas como sessões de *feedback* 360 graus também podem ser úteis para criar um ambiente de *feedback* contínuo. Nesse tipo de sessão, todos, incluindo os pares, subordinados e superiores, têm a oportunidade de oferecer *feedback* mútuo. Isso cria uma visão mais holística do desempenho e ajuda a identificar áreas de melhoria que podem não ser visíveis para o líder.

LIDERANÇA EM ASCENSÃO

Outro componente importante de uma cultura de *feedback* contínuo é a valorização do crescimento, ao invés da perfeição. Os colaboradores devem sentir que estão em um ambiente seguro para falhar e aprender com seus erros, desde que estejam comprometidos com o desenvolvimento. Essa mentalidade transforma o *feedback* em uma ferramenta positiva e desejada, em vez de algo a ser temido.

O *feedback* é uma das ferramentas mais poderosas à disposição de um líder, e seu uso eficaz pode transformar uma equipe ou organização. Dar *feedback* construtivo, receber *feedback* com humildade e usá-lo para melhorar o desempenho são habilidades essenciais que precisam ser cultivadas. Além disso, criar uma cultura de *feedback* contínuo proporciona um ambiente em que o aprendizado e o desenvolvimento são parte do DNA da equipe. O *feedback* desempenha um papel fundamental na evolução do líder e de sua equipe, garantindo que todos estejam constantemente crescendo em direção à excelência.

HISTÓRIA REAL

Um exemplo real que destaca a importância do *feedback* contínuo vem da Natura, uma das maiores empresas de cosméticos do Brasil, reconhecida por sua forte cultura organizacional e compromisso com o desenvolvimento de seus colaboradores. A Natura sempre enfatizou o *feedback* como parte fundamental do crescimento individual e coletivo.

Uma história que ilustra esse ponto aconteceu com João Paulo Ferreira, ex-CEO da Natura, quando ele estava em um cargo de liderança intermediária na empresa. Durante um projeto importante, João Paulo recebeu um *feedback* direto de sua equipe sobre sua forma de comunicação. Embora ele fosse um líder altamente capacitado, a equipe sentia que suas orientações não estavam sendo suficientemente claras, o que estava gerando confusão e atrasos nas entregas.

Ao receber esse *feedback*, João Paulo inicialmente se surpreendeu, mas, em vez de reagir defensivamente, ele reconheceu o valor das críticas. Percebeu que sua maneira de se comunicar poderia ser melhorada para otimizar o desempenho do time. Ele, então, decidiu agir: passou a pedir *feedbacks* frequentes após reuniões, investiu em treinamentos de comunicação e fez ajustes em sua forma de liderança. Esse comprometimento em usar o *feedback* para melhorar seu próprio desempenho resultou em uma equipe mais alinhada e eficiente, além de uma melhora significativa nos resultados do projeto.

Essa experiência foi tão marcante para João Paulo que, quando assumiu o cargo de CEO da Natura, ele reforçou a cultura de *feedback* contínuo na empresa. Isso incluiu a implementação de práticas formais e informais de *feedback*, incentivando todos os níveis hierárquicos a darem e receberem *feedback* de maneira constante e construtiva.

INSIGHT PRÁTICO

O exemplo de João Paulo Ferreira nos ensina que a capacidade de escutar e aplicar o *feedback* é um diferencial de um líder eficaz. Um *insight* prático para líderes é promover momentos regulares para o *feedback*, e não esperar apenas reuniões formais de avaliação de desempenho. Criar espaços onde o *feedback* é solicitado e recebido com naturalidade permite correções de rota mais rápidas e cria um ambiente de confiança, onde os colaboradores se sentem à vontade para compartilhar sugestões e críticas construtivas. Além disso, ao agir rapidamente sobre o *feedback*, o líder demonstra compromisso com seu próprio desenvolvimento, inspirando a equipe a fazer o mesmo.

CAPÍTULO
20
ÉTICA NO AMBIENTE DE TRABALHO

20.1 LIDANDO COM DILEMAS ÉTICOS

A ética no ambiente de trabalho é um dos pilares mais importantes para o sucesso sustentável de uma organização. No contexto empresarial, a ética vai além do cumprimento de leis e normas; trata-se de uma conduta que visa o bem comum e a transparência em todas as ações. A ausência de uma cultura ética pode gerar conflitos, prejudicar a reputação da empresa e, em casos mais extremos, levar a consequências jurídicas. Em contrapartida, um ambiente de trabalho onde a ética é promovida e valorizada fortalece a confiança entre colaboradores, clientes e parceiros, e cria as bases para um crescimento saudável e sustentável.

Este capítulo explora a importância da ética no local de trabalho, como lidar com dilemas éticos, promover uma cultura ética, e o impacto que as decisões éticas têm na organização. Também discutiremos a relevância da transparência e justiça como princípios fundamentais para a construção de um ambiente de trabalho ético.

Dilemas éticos são situações em que os indivíduos ou equipes se deparam com escolhas difíceis que envolvem princípios morais conflitantes. Esses dilemas podem ocorrer em diversas formas, como a pressão para alterar relatórios financeiros, práticas discriminatórias ou situações de conflito de interesse.

A primeira etapa para lidar com dilemas éticos é reconhecê--los. Muitas vezes, os dilemas não são claramente visíveis e podem surgir de maneira sutil, disfarçados como "ajustes" ou "atalhos". Quando o líder ou o colaborador identifica uma situação em que valores e princípios estão em jogo, é importante não ignorá-la, mas confrontá-la com coragem e integridade.

Uma maneira prática de lidar com esses dilemas é a partir de processos estruturados de tomada de decisão ética. Um modelo útil é o teste da integridade: antes de tomar uma decisão, o indivíduo pode se perguntar se se sentiria confortável se a decisão fosse tornada pública ou se afetaria negativamente alguém. Além disso, pode ser útil considerar as consequências a longo prazo, tanto para a empresa quanto para os envolvidos.

Outro aspecto importante é o diálogo aberto. Muitas vezes, dilemas éticos são difíceis de resolver individualmente. É essencial que os colaboradores e líderes tenham canais abertos para discutir essas questões sem medo de retaliação. A criação de um ambiente onde todos se sentem à vontade para falar sobre dilemas éticos é um passo crucial para garantir que as decisões tomadas estejam alinhadas com os valores da empresa.

20.2 PROMOVENDO UM AMBIENTE ÉTICO

A criação de um ambiente ético depende diretamente da liderança. Os líderes desempenham um papel crucial na definição e manutenção dos padrões éticos de uma organização. Quando os líderes agem de acordo com os valores éticos, eles servem como modelo para os outros, inspirando confiança e encorajando comportamentos semelhantes.

Uma das formas mais eficazes de promover um ambiente ético é por meio da educação e conscientização. Isso pode ser feito por meio de treinamentos regulares sobre ética no trabalho, códigos de conduta e políticas claras que estabelecem expectativas sobre o comportamento dos colaboradores. Os treinamentos devem incluir exemplos práticos e simulações de dilemas éticos, para que os colaboradores estejam preparados para lidar com essas situações.

Além da educação, a comunicação é essencial. Os líderes devem comunicar de maneira consistente que a ética é uma prioridade

LIDERANÇA EM ASCENSÃO

para a empresa, e isso deve estar refletido nas ações cotidianas. O uso de declarações de missão e valores que enfatizem a ética pode reforçar esse compromisso. E, além disso, a criação de mecanismos formais, como canais de denúncia anônima, ajuda a garantir que possíveis violações éticas sejam reportadas e investigadas de forma justa e confidencial.

Incentivar uma cultura de responsabilidade também é importante. Isso significa que todos os colaboradores, independentemente de sua posição na organização, devem se sentir responsáveis por manter um ambiente ético. Quando os líderes estabelecem padrões altos e promovem um ambiente de responsabilidade compartilhada, eles criam as condições para um comportamento ético florescer.

20.3 O IMPACTO DE DECISÕES ÉTICAS NA CULTURA ORGANIZACIONAL

As decisões éticas de uma organização têm um impacto direto na cultura organizacional e no sucesso a longo prazo. Quando a ética é incorporada no processo de tomada de decisões, a empresa ganha mais do que apenas segurança jurídica e conformidade com normas. Ela constrói uma cultura de confiança.

Empresas que tomam decisões éticas de forma consistente ganham a confiança de seus colaboradores, clientes e parceiros. Essa confiança é difícil de construir, mas fácil de perder. Uma única decisão antiética pode comprometer anos de trabalho duro, gerando uma crise de reputação que pode custar caro para a organização. Por outro lado, a prática consistente de decisões éticas ajuda a criar um ambiente onde as pessoas se sentem seguras para inovar e contribuir de forma autêntica.

Um ponto importante a destacar é que as decisões éticas, muitas vezes, podem parecer desvantajosas no curto prazo. Por exemplo, não participar de práticas que favorecem "atalhos" para aumentar o lucro pode parecer uma desvantagem competitiva. No entanto, ao longo do tempo, essas decisões fortalecem a reputação da organização e criam um diferencial em um mercado cada vez mais preocupado com sustentabilidade e responsabilidade social.

Outro impacto significativo das decisões éticas na cultura organizacional é o aumento do engajamento e retenção de talentos.

Profissionais, especialmente das gerações mais jovens, valorizam empresas com forte compromisso ético. Eles querem trabalhar para organizações que alinhem seus valores pessoais com os valores corporativos. Quando percebem que a empresa toma decisões éticas e justas, tendem a se sentir mais engajados e motivados a contribuir com seu melhor desempenho.

20.4 A IMPORTÂNCIA DE TRANSPARÊNCIA E JUSTIÇA

A transparência e a justiça são dois dos valores mais importantes em uma organização ética. Transparência significa ser honesto e aberto em relação às operações, processos e políticas da empresa. A justiça implica tratar todos de forma equitativa, independentemente de sua posição ou contribuição na organização.

Um ambiente de trabalho transparente é aquele em que os colaboradores têm acesso claro às informações que afetam seu trabalho e suas carreiras. Isso inclui desde políticas salariais até decisões estratégicas. A falta de transparência pode gerar desconfiança e insegurança, o que pode impactar negativamente a moral e a produtividade dos funcionários.

Um exemplo claro de transparência é a comunicação aberta sobre o processo de avaliação de desempenho. Quando os colaboradores entendem os critérios pelos quais são avaliados, e sabem que esse processo é justo e imparcial, eles estão mais propensos a aceitar *feedbacks* e buscar melhorar. A ausência de transparência nesses processos pode gerar descontentamento e a percepção de favoritismo, prejudicando o ambiente de trabalho.

A justiça, por outro lado, está diretamente relacionada ao tratamento equitativo dos colaboradores. Isso envolve garantir que todos tenham as mesmas oportunidades de crescimento e desenvolvimento, independentemente de fatores como gênero, etnia, ou posição hierárquica. As políticas de promoção e compensação devem ser justas e baseadas no mérito, e as ações disciplinares devem ser aplicadas de forma imparcial.

Líderes que praticam a transparência e a justiça estabelecem as bases para um ambiente de trabalho saudável e produtivo. Eles incentivam a confiança, o respeito mútuo e a colaboração, o que, por sua vez, gera um senso de pertencimento e lealdade à organização.

LIDERANÇA EM ASCENSÃO

A ética no ambiente de trabalho não é apenas um "bom comportamento" esperado, mas sim uma ferramenta estratégica essencial para o sucesso e a sustentabilidade de qualquer organização. A capacidade de lidar com dilemas éticos, promover um ambiente ético, tomar decisões éticas e praticar a transparência e a justiça são elementos que constroem uma cultura forte e confiante, tanto interna quanto externamente.

Para um líder que busca inspirar e promover o sucesso de sua equipe, agir de forma ética é fundamental. Ao cultivar um ambiente onde a ética é uma prioridade, ele não apenas evita problemas legais e morais, mas também constrói um espaço onde a inovação, o respeito e o crescimento prosperam. No final, a ética é o caminho para uma liderança verdadeiramente inspiradora e eficaz.

HISTÓRIA REAL

Um exemplo notável de ética no ambiente de trabalho vem da história da Magazine Luiza, uma das maiores redes de varejo do Brasil. A empresa é amplamente reconhecida por sua forte cultura ética e compromisso com a transparência, principalmente sob a liderança de sua CEO, Luiza Helena Trajano.

Em 2020, durante a pandemia de covid-19, a Magazine Luiza enfrentou um dilema ético significativo relacionado ao tratamento de seus colaboradores. Com o fechamento de lojas e a necessidade de adaptação ao novo cenário de vendas online, a empresa se viu diante da pressão de reduzir custos, o que poderia incluir demissões em massa.

Em vez de optar por cortar empregos, Luiza e sua equipe tomaram a decisão ética de buscar alternativas que não afetassem drasticamente os colaboradores. A empresa decidiu implementar um programa de redução de jornada e salário proporcional, permitindo que os funcionários mantivessem seus empregos e, ao mesmo tempo, garantisse a sustentabilidade financeira da empresa. Essa decisão foi comunicada de forma transparente, e a liderança assegurou que os colaboradores entendiam a situação financeira da empresa e a necessidade da medida.

Além disso, a Magazine Luiza também decidiu aumentar a transparência em sua comunicação interna e envolveu seus colaboradores em discussões sobre as melhores práticas para superar o desafio. Esse enfoque não apenas ajudou a manter o moral da equipe, mas também gerou um forte senso de lealdade e comprometimento entre os colaboradores, que sentiram que a empresa estava se preocupando genuinamente com seu bem-estar.

A decisão da Magazine Luiza de priorizar a ética em um momento crítico rendeu dividendos não apenas em termos de reputação, mas também em resultados financeiros a longo prazo. A empresa saiu da pandemia mais forte, com uma base de funcionários engajados e leais, dispostos a lutar pelo sucesso da organização.

INSIGHT PRÁTICO

A história da Magazine Luiza destaca a importância de tomar decisões éticas em momentos de crise. Um *insight* prático para líderes é que, mesmo diante de pressões financeiras ou desafios operacionais, manter um compromisso com a ética pode fortalecer a cultura organizacional e aumentar a lealdade dos colaboradores.

Em situações desafiadoras, os líderes devem considerar a implementação de um comitê de ética ou um grupo consultivo que envolva diferentes níveis hierárquicos da organização. Esse comitê pode ajudar a avaliar as decisões à luz de valores éticos e garantir que a comunicação sobre essas decisões seja clara e transparente. Além disso, promover discussões abertas sobre os dilemas éticos enfrentados pela empresa ajuda a cultivar um ambiente onde todos se sentem confortáveis para compartilhar suas preocupações e sugestões. Essa abordagem não apenas fortalece a cultura ética, mas também fomenta a colaboração e o comprometimento entre os colaboradores.

CAPÍTULO
21
DESENVOLVENDO LÍDERES FUTURAMENTE

21.1 COMO IDENTIFICAR TALENTOS NA EQUIPE

O desenvolvimento de líderes é um dos maiores investimentos que uma organização pode fazer em seu próprio futuro. O processo de preparar a próxima geração de líderes vai muito além da simples seleção de pessoas com habilidades técnicas ou experiências comprovadas. Ele envolve a construção de um ambiente que cultive talentos, incentive o crescimento contínuo e promova uma sucessão planejada e sustentável. Neste capítulo, exploraremos estratégias para identificar talentos na equipe, criar programas de mentoria e *coaching*, empoderar novos líderes e assegurar uma transição de liderança eficaz e contínua.

O primeiro passo para desenvolver líderes futuros é identificar aqueles com potencial para liderar. Essa tarefa exige uma visão clara e uma compreensão profunda das habilidades e atitudes necessárias para uma boa liderança. Não se trata apenas de avaliar a performance atual, mas também de reconhecer características e traços que indicam um potencial de crescimento em posições de liderança.

Um ponto fundamental na identificação de talentos é a observação da postura proativa e da habilidade de trabalhar em equipe. Colaboradores que, além de cumprirem suas responsabilidades, assumem iniciativas, trazem soluções criativas e se destacam no trabalho em grupo são fortes candidatos ao desenvolvimento de liderança. Além disso, aqueles que demonstram empatia e a capacidade de inspirar e motivar os outros têm um diferencial importante.

Outro aspecto a considerar é a habilidade de lidar com situações desafiadoras. Em momentos de crise, alguns indivíduos se destacam não apenas por resolver problemas, mas também por manter a equipe engajada e tranquila. Esses são indicadores claros de uma predisposição à liderança.

Além das habilidades observáveis, é importante realizar conversas individuais com os colaboradores. Entender quais são seus objetivos de carreira, aspirações pessoais e áreas de interesse pode ajudar a alinhar oportunidades de desenvolvimento que façam sentido tanto para a organização quanto para o indivíduo. Talentos emergem não apenas por competência técnica, mas pelo alinhamento de seus valores e propósito com a visão da organização.

Finalmente, ferramentas formais como avaliações de desempenho, *feedbacks* 360 graus e testes de personalidade podem complementar o processo de identificação de talentos. Essas ferramentas fornecem uma visão mais completa do colaborador, indo além do que é visível no dia a dia e oferecendo uma análise mais profunda do potencial de liderança.

21.2 CRIANDO PROGRAMAS DE MENTORIA E *COACHING*

Uma vez identificados os talentos, é necessário criar oportunidades para que eles cresçam e desenvolvam suas habilidades de liderança. Uma das abordagens mais eficazes é por meio de programas de mentoria e *coaching*. Esses programas funcionam como pontes entre o potencial identificado e a liderança efetiva.

A mentoria é uma forma poderosa de conectar líderes experientes com futuros líderes. Mentores compartilham não apenas conhecimentos técnicos e estratégicos, mas também suas experiências e aprendizados ao longo da carreira. Um bom mentor atua como guia, oferecendo conselhos sobre situações específicas, ajudando a identificar pontos cegos e preparando o *mentee* para assumir desafios maiores. A relação de confiança entre mentor e *mentee* permite que o aprendiz se sinta confortável para questionar, errar e aprender, sabendo que tem alguém com quem contar.

O *coaching*, por sua vez, é uma ferramenta focada no desenvolvimento específico de habilidades. Um *coach* pode ser interno ou externo à organização e trabalha de forma direcionada com o colaborador para desenvolver competências como comunicação, gestão de conflitos, inteligência emocional, e outras que são cruciais para a liderança. Enquanto a mentoria pode ter um foco mais holístico e inspiracional, o *coaching* tende a ser mais orientado por metas específicas.

Para que esses programas sejam efetivos, é necessário um planejamento cuidadoso. Mentores e *coaches* devem ser escolhidos levando em consideração não só a experiência, mas também sua habilidade de se conectar com o *mentee* e sua disponibilidade para dedicar o tempo necessário. Além disso, é importante que os programas tenham metas claras e momentos de avaliação para garantir que os participantes estejam realmente avançando em suas jornadas de desenvolvimento.

Outro fator crítico para o sucesso desses programas é a criação de uma cultura organizacional que valorize o aprendizado contínuo e o desenvolvimento pessoal. Quando a organização promove e celebra o crescimento dos colaboradores, cria-se um ciclo virtuoso em que cada um se sente incentivado a contribuir com o desenvolvimento do outro, fortalecendo o ecossistema de liderança.

21.3 EMPODERANDO NOVOS LÍDERES

Identificar e desenvolver talentos não é suficiente se esses novos líderes não forem verdadeiramente empoderados. Empoderar significa dar aos novos líderes a autonomia necessária para tomar decisões, a responsabilidade sobre resultados, e o apoio necessário para que possam aprender com suas experiências, tanto positivas quanto negativas.

Um dos primeiros passos para empoderar novos líderes é confiar e delegar. Delegar tarefas importantes é uma forma de mostrar que a organização confia no potencial do colaborador e o considera capaz de liderar. É essencial que essas tarefas sejam desafiadoras, pois o crescimento acontece fora da zona de conforto. No entanto, é fundamental que o novo líder receba suporte ao longo do caminho, para que possa se sentir seguro e preparado para enfrentar desafios complexos.

Além da delegação, criar oportunidades de visibilidade também é uma forma de empoderar novos líderes. Isso pode ser feito por meio da participação em reuniões estratégicas, da liderança de projetos de alto impacto, ou do envolvimento em decisões importantes da empresa. Essa exposição permite que novos líderes se familiarizem com o contexto mais amplo da organização, ganhem experiência em comunicar suas ideias para públicos diferentes e desenvolvam um senso mais profundo de responsabilidade.

Outro aspecto importante é a cultura do erro. Para empoderar, é preciso permitir que os novos líderes cometam erros e aprendam com eles. Criar um ambiente em que o erro não seja visto como fracasso, mas sim como parte do processo de aprendizado, é fundamental. Isso não significa que erros devam ser ignorados, mas sim que sejam usados como ferramentas para o desenvolvimento.

Por fim, o empoderamento também envolve a capacidade de reconhecer e celebrar as conquistas dos novos líderes. O reconhecimento público pelo bom trabalho, o elogio sincero e o destaque das contribuições são formas de reforçar a confiança dos novos líderes em si mesmos e motivá-los a continuar se desenvolvendo.

21.4 SUCESSÃO DE LIDERANÇA COM CONTINUIDADE

O desenvolvimento de líderes deve ter como objetivo a construção de uma linha sucessória sustentável e contínua. A sucessão não deve ser um evento esporádico ou algo que aconteça apenas em momentos de crise, mas sim um processo contínuo, parte integrante da estratégia organizacional.

A sucessão de liderança bem-sucedida começa muito antes de uma posição ser aberta. Envolve a preparação dos possíveis sucessores ao longo do tempo, garantindo que estejam prontos para assumir papéis de liderança quando necessário. Isso requer uma abordagem planejada e uma visão de longo prazo, na qual os futuros líderes sejam preparados com as habilidades e experiências certas.

LIDERANÇA EM ASCENSÃO

Uma boa prática nesse processo é a rotação de funções. Permitir que futuros líderes tenham experiências em diferentes áreas da empresa amplia sua visão sistêmica e sua compreensão dos diversos desafios que a organização enfrenta. Isso cria líderes mais completos, capazes de entender como cada departamento contribui para o sucesso global e preparados para tomar decisões informadas e estratégicas.

Além disso, o planejamento da sucessão deve ser transparente e comunicar aos colaboradores que há uma estrutura para o crescimento. Saber que existe um plano de sucessão aumenta o engajamento dos colaboradores, pois eles enxergam uma trajetória clara para o avanço na carreira. Esse tipo de comunicação ajuda a reter talentos, uma vez que eles percebem que a organização valoriza e investe em seu crescimento.

É também importante garantir que a transição de liderança ocorra de forma gradual sempre que possível. Quando novos líderes têm a chance de trabalhar ao lado dos atuais por um período de transição, eles têm a oportunidade de aprender com a experiência acumulada e se preparar melhor para assumir a função. Essa transferência de conhecimento é essencial para evitar rupturas e garantir a continuidade dos processos e da cultura organizacional.

Finalmente, o processo de sucessão de liderança deve ser adaptativo. Isso significa que os planos devem ser revisados periodicamente para assegurar que estejam alinhados às necessidades atuais e futuras da organização, bem como ao desenvolvimento dos potenciais sucessores. A adaptabilidade garante que a empresa esteja sempre preparada para enfrentar as mudanças do mercado com líderes que possuam as habilidades e competências necessárias.

Desenvolver líderes futuramente requer um comprometimento contínuo, visão estratégica e um ambiente que valorize o crescimento e o aprendizado. Identificar talentos, investir em programas de mentoria e *coaching*, empoderar novos líderes e garantir uma sucessão planejada são passos fundamentais para construir um futuro próspero e sustentável para a organização. Liderança em ascensão é mais do que uma meta; é um caminho que demanda atenção, cuidado e, acima de tudo, a crença no potencial humano como o maior ativo de uma organização.

HISTÓRIA REAL

Uma história real que ilustra bem o desenvolvimento de líderes é a do programa de sucessão da General Electric (GE), especialmente durante a época em que Jack Welch estava no comando. Welch acreditava firmemente na necessidade de preparar futuros líderes dentro da empresa e desenvolveu um dos programas de liderança mais conhecidos e eficazes do mundo corporativo.

Durante sua gestão, Welch instituiu uma cultura de meritocracia focada em identificar e desenvolver talentos internos. Ele criou o GE Leadership Development Institute, em Crotonville, que se tornou o centro de treinamento e desenvolvimento de liderança da GE. A empresa oferecia programas de mentoria e *coaching* tanto para seus executivos seniores quanto para colaboradores de níveis mais baixos, garantindo que o aprendizado fosse contínuo em toda a organização.

Um exemplo prático desse processo foi a sucessão de Jack Welch pelo seu sucessor, Jeff Immelt, em 2001. Welch, conhecido por seu estilo de liderança carismático e transformador, não apenas escolheu Immelt, mas garantiu que ele estivesse devidamente preparado para assumir a liderança da empresa. Esse processo foi gradual e incluiu rotação de funções, oportunidades de liderar áreas estratégicas e a participação direta na formulação de estratégias da organização. Essa preparação foi tão minuciosa que, quando a transição ocorreu, Immelt tinha uma visão completa da empresa e a confiança necessária para liderar a GE.

INSIGHT PRÁTICO

A história da GE nos ensina a importância da preparação contínua para a sucessão de liderança. Um *insight* prático é a implementação de um programa interno de *job rotation* (rotação de cargos) para seus talentos emergentes. Permitir que futuros líderes trabalhem em diferentes departamentos os ajuda a desenvolver uma visão mais ampla do negócio, além de fortalecer sua capacidade de tomar decisões estratégicas. Isso, aliado ao apoio de mentores e *coaches*, aumenta significativamente a eficácia e a confiança desses indivíduos quando chegam ao momento de assumir um papel de liderança formal.

CAPÍTULO
22
COMUNICAÇÃO NÃO VERBAL NA LIDERANÇA

22.1 A IMPORTÂNCIA DA POSTURA NA LIDERANÇA

A comunicação não verbal é uma das ferramentas mais poderosas de um líder. A liderança não depende apenas de palavras bem escolhidas ou de discursos eloquentes; muitas vezes, os sinais mais fortes vêm de como o líder se comporta, como se movimenta e como reage, mesmo quando não diz nada. Para os líderes, dominar a linguagem não verbal é crucial para transmitir confiança, empatia e credibilidade, além de influenciar a equipe de forma positiva. Neste capítulo, exploraremos a importância da postura, das expressões faciais, do silêncio e da adoção de uma linguagem corporal positiva na liderança.

A postura é um dos elementos mais básicos, porém impactantes, da comunicação não verbal. Ela transmite imediatamente informações sobre a confiança, o estado emocional e o preparo de um líder. Uma postura ereta e aberta comunica poder, autoconfiança e disposição para liderar. Quando um líder mantém uma postura forte, ombros retos e cabeça erguida, cria uma impressão de autoridade e segurança. Isso é essencial em ambientes de trabalho onde a equipe precisa acreditar na capacidade do líder de conduzi-los, especialmente em momentos de incerteza.

Além disso, uma postura adequada não se refere apenas a se manter fisicamente ereto, mas também a como o líder interage com o espaço.

Líderes que se posicionam de maneira aberta, sem cruzar os braços ou encolher o corpo, transmitem uma mensagem de acessibilidade e de disposição para ouvir. Quando um líder se fecha fisicamente — por exemplo, cruzando os braços ou se inclinando excessivamente para trás — pode dar a impressão de desinteresse ou hostilidade, mesmo que essa não seja a intenção.

Outro ponto importante é a consistência entre a postura e as palavras. Uma pessoa pode estar dizendo algo positivo, mas se sua postura parecer insegura ou desinteressada, a mensagem que chegará aos outros será confusa e, possivelmente, negativa. Por isso, a postura de um líder deve estar sempre alinhada com sua mensagem verbal, para garantir que todos compreendam e acreditem no que está sendo transmitido.

A postura também influencia a percepção que o próprio líder tem de si mesmo. Estudos mostram que manter uma postura confiante pode elevar os níveis de testosterona e diminuir os níveis de cortisol, os hormônios relacionados ao estresse. Assim, adotar uma postura aberta e assertiva não apenas melhora a percepção que os outros têm do líder, mas também impacta positivamente o bem-estar e a confiança do próprio líder.

22.2 EXPRESSÕES FACIAIS E O IMPACTO NA COMUNICAÇÃO

As expressões faciais são um reflexo imediato do que sentimos e são uma parte fundamental da comunicação não verbal. Um líder deve ter consciência de suas expressões faciais, pois elas têm o poder de influenciar a moral da equipe, transmitir entusiasmo ou preocupação, e reforçar ou contradizer suas palavras.

Um sorriso, por exemplo, pode ser um dos gestos mais poderosos à disposição de um líder. Quando um líder sorri, demonstra abertura, calor e otimismo. O sorriso sincero é contagiante e ajuda a criar um ambiente mais positivo e colaborativo, o que é essencial para o trabalho em equipe. Além disso, o sorriso faz com que o líder pareça mais acessível, facilitando a construção de relacionamentos com os membros da equipe.

Por outro lado, expressões de tensão, como sobrancelhas franzidas, mandíbula cerrada ou olhos semicerrados, podem transmitir irritação ou desconfiança. Mesmo que um líder não tenha a intenção de parecer irritado, essas expressões podem ser facilmente mal interpretadas, criando uma barreira na comunicação com a equipe. É importante que o líder esteja ciente de suas expressões, especialmente durante conversas delicadas ou momentos de alta pressão, e busque manter uma expressão neutra ou de empatia para evitar mal-entendidos.

O contato visual também faz parte das expressões faciais e é essencial para uma boa comunicação. Um líder que mantém um contato visual adequado demonstra atenção e respeito pelo interlocutor, gerando uma conexão mais forte. No entanto, é importante encontrar um equilíbrio — contato visual excessivo pode ser intimidante, enquanto evitá-lo pode transmitir insegurança ou desinteresse.

Em situações de conflito, expressões faciais neutras e um tom sereno são essenciais. Mostrar uma expressão compreensiva e manter o olhar firme, mas gentil, pode ajudar a acalmar tensões e mostrar que o líder está disposto a ouvir e resolver problemas, ao invés de se esquivar deles.

22.3 O PODER DO SILÊNCIO NA COMUNICAÇÃO

O silêncio é uma das ferramentas de comunicação mais subestimadas, especialmente no contexto da liderança. Muitos líderes acreditam que precisam preencher cada momento com palavras, quando, na verdade, o silêncio, quando usado adequadamente, pode ser extremamente poderoso.

O silêncio pode ser utilizado para criar espaço para reflexão. Em uma reunião, após apresentar uma ideia, um líder pode usar alguns segundos de silêncio para permitir que os outros assimilem o que foi dito e se sintam confortáveis para expressar suas opiniões. Esse tempo de pausa mostra que o líder valoriza o que a equipe tem a dizer, promovendo uma comunicação mais equilibrada e respeitosa.

Além disso, o silêncio é um sinal de escuta ativa. Quando um líder permanece em silêncio enquanto alguém está falando, isso indica que ele está ouvindo atentamente e dando espaço para que o outro expresse suas ideias completamente. Interrupções constantes ou a ansiedade para preencher o silêncio podem sinalizar que o líder está mais preocupado em falar do que em ouvir.

O silêncio também pode ser uma forma de transmitir controle em situações de conflito ou negociações. Em vez de reagir imediatamente a uma provocação ou a um comentário difícil, o líder que usa o silêncio como uma pausa reflexiva demonstra maturidade emocional e autocontrole. Essa abordagem muitas vezes desarma o interlocutor, criando um ambiente mais propício para um diálogo construtivo.

Por fim, o silêncio permite ao líder demonstrar consideração e empatia, especialmente em momentos de dificuldades da equipe. Às vezes, a melhor resposta a um problema complexo não é uma solução imediata, mas a presença silenciosa e o suporte, permitindo que as emoções se acalmem antes de tomar qualquer ação.

22.4 COMO ADERIR A UMA LINGUAGEM CORPORAL POSITIVA

Adotar uma linguagem corporal positiva é um processo que requer autoconsciência e prática. A primeira etapa é observar conscientemente os próprios comportamentos não verbais durante interações com a equipe e entender como esses sinais podem ser percebidos. Líderes que se dedicam a melhorar sua linguagem corporal têm mais facilidade em gerar confiança, motivar suas equipes e criar um ambiente de trabalho positivo.

Um aspecto essencial é a abertura corporal. Mantenha os braços descruzados, as palmas das mãos visíveis e um posicionamento que permita que você esteja de frente para as pessoas com quem está conversando. Esses gestos sugerem que você está disponível e interessado. Líderes que se mostram fisicamente abertos demonstram disposição para ouvir e tendem a ser mais bem recebidos pela equipe.

Gestos com as mãos também têm um papel importante. O uso das mãos enquanto se comunica ajuda a reforçar o que está sendo dito e transmite dinamismo. No entanto, é importante que esses gestos sejam naturais e não exagerados, para não distrair ou confundir os ouvintes. Movimentos suaves e direcionados ajudam a enfatizar pontos importantes e a manter a atenção do público.

LIDERANÇA EM ASCENSÃO

Outro aspecto importante é o contato físico apropriado. Tapinhas leves no ombro, um aperto de mão firme ou até mesmo um cumprimento caloroso (quando apropriado culturalmente) são formas de expressar apoio e reforçar conexões pessoais. No entanto, é essencial ser sensível e cuidadoso, respeitando os limites pessoais de cada um.

Além disso, um líder deve ter consciência do espaço pessoal. Invadir o espaço dos outros pode ser percebido como agressivo ou controlador. Mantenha uma distância confortável, que permita ao outro sentir-se seguro e respeitado. Essa distância é especialmente importante durante *feedbacks*, reuniões formais e situações de conflito.

Por fim, o líder deve praticar a autoconsciência constante sobre sua linguagem corporal. Participar de treinamentos de desenvolvimento pessoal, receber *feedback* de colegas de confiança e até mesmo praticar diante de um espelho ou gravar apresentações para análise posterior são formas úteis de identificar padrões de comportamento e ajustá-los conforme necessário. Uma linguagem corporal positiva é construída com esforço contínuo, mas seus efeitos são transformadores na capacidade do líder de conectar, influenciar e inspirar sua equipe.

O poder da comunicação não verbal na liderança não pode ser subestimado. O que não é dito frequentemente fala mais alto do que qualquer palavra. Ao prestar atenção na postura, nas expressões faciais, no uso do silêncio e na adoção de uma linguagem corporal positiva, o líder pode se tornar mais autêntico, mais confiável e mais eficaz na comunicação com sua equipe. Liderança não é apenas o que se diz, mas como se é percebido — e a comunicação não verbal é a chave para moldar essa percepção.

HISTÓRIA REAL

Uma história real que ilustra bem o poder da comunicação não verbal na liderança é a do ex-presidente dos Estados Unidos, Barack Obama. Obama é amplamente reconhecido por suas habilidades de comunicação e, além do domínio da palavra, ele sabia utilizar a comunicação não verbal de maneira magistral para engajar e inspirar pessoas.

Durante seu tempo no cargo, Obama demonstrou frequentemente o uso eficaz de uma linguagem corporal positiva. Ele adotava uma postura aberta e relaxada durante suas aparições públicas, transmitindo confiança e acessibilidade. Em reuniões, sua postura e contato visual mostravam não apenas atenção, mas também uma disposição genuína para ouvir. Um exemplo marcante de sua habilidade em usar a comunicação não verbal foi em situações de crise, como o momento em que ele fez um discurso após o tiroteio na escola de Sandy Hook, em 2012. Além de suas palavras de conforto, as expressões faciais de Obama transmitiam empatia, tristeza e solidariedade com as famílias afetadas, o que teve um impacto emocional profundo no público.

Outro exemplo foi sua interação com líderes estrangeiros, em que sua postura ereta e seus apertos de mão firmes transmitiam respeito e autoridade, ao mesmo tempo que os sorrisos e gestos de abertura criavam uma atmosfera amigável e propícia à cooperação.

INSIGHT PRÁTICO

O exemplo de Obama nos ensina que a comunicação não verbal é essencial para transmitir empatia, confiança e liderança. Um *insight* prático é treinar a autoconsciência e a prática da postura e expressão facial antes de interações importantes. Por exemplo, antes de uma reunião com a equipe ou uma apresentação, é útil observar-se em um espelho ou gravar-se, prestando atenção em elementos como postura, contato visual e expressão facial. Pequenos ajustes na linguagem corporal – como manter os ombros relaxados, um leve sorriso e contato visual consistente – podem ter um impacto significativo na forma como os outros percebem e reagem à liderança.

CAPÍTULO
23
DELEGAÇÃO EFICAZ

23.1 IDENTIFICANDO AS TAREFAS QUE PODEM SER DELEGADAS

A delegação é uma habilidade fundamental para qualquer líder que deseja maximizar a eficiência e promover o desenvolvimento de sua equipe. Delegar não é apenas transferir tarefas, mas também um ato de confiar, empoderar e preparar a equipe para desafios maiores. Quando feita corretamente, a delegação cria um ambiente de trabalho mais colaborativo, aumenta a motivação dos membros da equipe e ajuda o líder a focar em atividades mais estratégicas. Neste capítulo, vamos explorar o processo da delegação eficaz, desde a identificação de tarefas até o uso desse método como uma forma de desenvolvimento pessoal e profissional dos membros da equipe.

O primeiro passo para uma delegação eficaz é a identificação correta das tarefas que podem ser delegadas. Nem toda tarefa é adequada para ser transferida, e um líder eficaz precisa diferenciar o que deve ser mantido sob sua responsabilidade e o que pode ser confiado à equipe.

Tarefas operacionais e repetitivas geralmente são as melhores candidatas à delegação. Elas são essenciais para o funcionamento da organização, mas não exigem necessariamente a presença do líder para serem concluídas. Delegar essas atividades permite ao líder focar em ações mais estratégicas e no desenvolvimento de novas iniciativas. Tarefas administrativas, relatórios periódicos e atividades que seguem processos claros são exemplos de trabalho que pode ser confiado a outros.

Além disso, atividades que oferecem oportunidades de aprendizado para os membros da equipe também são excelentes candidatas à delegação. Se um colaborador tem demonstrado interesse em um novo campo ou em adquirir novas habilidades, atribuir uma tarefa que esteja alinhada a esse interesse pode ser uma forma eficaz de crescimento profissional. Por exemplo, se um membro da equipe quer aprender mais sobre liderança, delegar a ele a condução de uma reunião interna pode ser uma ótima forma de iniciar esse processo.

Entretanto, existem tarefas que não devem ser delegadas, como decisões estratégicas complexas, a comunicação de informações sensíveis ou críticas, e qualquer tarefa que dependa diretamente da experiência única do líder. Delegar sem critérios pode comprometer a qualidade do trabalho e afetar a confiança da equipe. Por isso, é importante que o líder tenha um entendimento claro de cada tarefa, de suas complexidades e de sua importância, antes de decidir delegá-la.

23.2 CONSTRUINDO A CONFIANÇA NA EQUIPE PARA DELEGAR

Para que a delegação seja eficaz, é essencial que exista confiança entre o líder e os membros da equipe. Delegar uma tarefa não é apenas passar uma responsabilidade, mas também demonstrar que se confia na capacidade do outro de realizá-la. A confiança é o que permite que o colaborador aceite a responsabilidade com comprometimento e motivação, em vez de sentir-se apenas sobrecarregado.

Construir confiança começa com o conhecimento profundo das habilidades e do potencial da equipe. Um líder eficaz sabe quais são as capacidades individuais dos membros da equipe, quais são seus pontos fortes e áreas de melhoria. Esse conhecimento permite que o líder atribua tarefas apropriadas, que estejam alinhadas com as habilidades e os interesses de cada pessoa.

Outro aspecto essencial é comunicar claramente expectativas e fornecer os recursos necessários. Quando um líder delega uma

LIDERANÇA EM ASCENSÃO

tarefa, ele deve fornecer informações claras sobre o que é esperado, quais são os prazos e quais recursos estarão disponíveis. Isso reduz a incerteza e dá ao colaborador a segurança de que ele pode executar a tarefa com sucesso. Além disso, estar disponível para responder a perguntas e fornecer suporte inicial pode ajudar a evitar falhas e construir uma base sólida para delegações futuras.

A confiança também é construída pelo reconhecimento do sucesso. Quando um colaborador conclui uma tarefa delegada de maneira eficaz, o líder deve reconhecer e valorizar o trabalho feito. Isso não só reforça a confiança entre líder e colaborador, mas também motiva toda a equipe, demonstrando que assumir responsabilidades maiores é algo valorizado e recompensado.

Por fim, é importante que o líder também tenha confiança para permitir erros. Erros são parte do processo de aprendizagem e, ao delegar, o líder precisa aceitar que podem ocorrer falhas. Em vez de criticar duramente ou reaver o controle, o líder deve utilizar esses momentos para orientar, fornecer *feedback* e garantir que a equipe aprenda com cada experiência.

23.3 MONITORAMENTO E *FEEDBACK* NA DELEGAÇÃO

Delegar não significa abandonar a tarefa. Um dos principais elementos da delegação eficaz é garantir que exista um processo de monitoramento e *feedback* que permita acompanhar o progresso da tarefa delegada, fornecer orientação quando necessário e garantir que os objetivos sejam alcançados.

O monitoramento eficaz começa com pontos de controle estabelecidos no início do processo de delegação. Esses pontos de controle podem ser reuniões periódicas ou entregas intermediárias que ajudem o líder a verificar se o colaborador está no caminho certo. O objetivo do monitoramento não é microgerenciar, mas sim garantir que a tarefa progrida conforme o esperado e oferecer ajuda caso surjam obstáculos. Isso deve ser feito de maneira equilibrada, de modo a evitar a impressão de que o líder está duvidando da capacidade do colaborador.

Além do monitoramento, o *feedback* construtivo é um elemento essencial. Após a conclusão de uma tarefa delegada, é importante que o líder forneça *feedback* claro e objetivo sobre o desempenho do colaborador. Esse *feedback* deve destacar os pontos positivos e as áreas que podem ser melhoradas. *Feedbacks* construtivos ajudam a equipe a crescer, desenvolvendo suas habilidades e se tornando mais autônoma.

Um aspecto importante do *feedback* é também ouvir a perspectiva do colaborador. Permitir que o membro da equipe compartilhe suas percepções sobre a tarefa ajuda a identificar possíveis melhorias no processo de delegação, além de dar a ele a oportunidade de falar sobre dificuldades e sucessos do ponto de vista pessoal. Isso torna o processo mais colaborativo e incentiva o aprendizado mútuo.

Finalmente, o *feedback* deve ser dado em tempo oportuno. Aguardar muito tempo para oferecer comentários sobre o desempenho de uma tarefa delegada faz com que o colaborador perca a conexão com o trabalho realizado e com as lições aprendidas. Por isso, o ideal é que o *feedback* seja dado logo após a conclusão da tarefa, enquanto as experiências ainda estão frescas na memória.

23.4 DELEGAÇÃO COMO FORMA DE DESENVOLVIMENTO

Uma das grandes vantagens da delegação é que ela não apenas alivia a carga de trabalho do líder, mas também funciona como uma poderosa ferramenta de desenvolvimento dos membros da equipe. Ao delegar, o líder cria oportunidades para que a equipe se desafie e cresça, desenvolvendo novas habilidades e ganhando confiança.

Delegar tarefas que estão um nível acima do que o colaborador está acostumado a fazer é uma maneira eficaz de promover o crescimento. Desafiar o colaborador com tarefas mais complexas não apenas permite que ele desenvolva novas competências, mas também mostra que o líder confia em sua capacidade de aprender e de superar desafios. Esse tipo de delegação é conhecido como "delegação para desenvolvimento" e é essencial para formar futuros líderes dentro da equipe.

Para que a delegação seja usada como uma ferramenta de desenvolvimento, é fundamental que o líder seja um mentor durante o processo. Isso significa estar disponível para orientar, ensinar e esclarecer dúvidas. Esse apoio é essencial para que o colaborador sinta que pode crescer e que não está sozinho enfrentando desafios. Quando um líder age como mentor, cria um ambiente seguro para que o colaborador experimente, aprenda e, eventualmente, se sinta confiante o suficiente para assumir responsabilidades maiores de forma independente.

A delegação também ajuda na criação de uma equipe mais autônoma e empoderada. Quanto mais uma equipe é incentivada a assumir responsabilidades e resolver problemas, mais independente ela se torna. Isso reduz a dependência constante do líder para decisões menores e permite que o líder foque em questões estratégicas, além de preparar a equipe para atuar de forma eficaz mesmo na ausência do líder.

Além disso, delegar também fortalece o sentimento de pertencimento e propósito dos membros da equipe. Quando as pessoas sentem que estão contribuindo ativamente para o sucesso da organização, elas se sentem mais motivadas e engajadas com o trabalho. A delegação, quando feita de maneira respeitosa e bem orientada, transforma a relação entre líder e equipe em uma parceria mais equilibrada, na qual todos compartilham a responsabilidade pelo sucesso coletivo.

A delegação eficaz é uma habilidade essencial para qualquer líder que deseja maximizar o desempenho de sua equipe, desenvolver novos talentos e se concentrar em atividades estratégicas. Ao identificar as tarefas corretas para delegar, construir confiança, monitorar o progresso e usar a delegação como uma ferramenta de desenvolvimento, os líderes não apenas otimizam a execução do trabalho, mas também criam uma cultura de empoderamento e crescimento. A delegação não é sobre se livrar de responsabilidades, mas sim sobre compartilhar responsabilidades para o benefício mútuo do líder, da equipe e da organização como um todo.

HISTÓRIA REAL

Uma história real que ilustra a importância da delegação eficaz é a de Howard Schultz, ex-CEO da Starbucks. Quando Schultz assumiu a liderança da Starbucks, ele se viu frente a uma empresa que precisava de uma transformação significativa para continuar crescendo. Inicialmente, Schultz tentava gerenciar todos os aspectos da operação, desde o marketing até os processos de atendimento nas lojas. No entanto, ele rapidamente percebeu que para garantir o sucesso da Starbucks, ele precisaria confiar em seus executivos e gerentes, delegando responsabilidades importantes.

Um exemplo claro dessa delegação foi quando Schultz confiou a expansão internacional da Starbucks a uma equipe de executivos especializados. Em vez de se envolver diretamente em cada decisão sobre novos mercados, Schultz deu autonomia à equipe, permitindo que eles tomassem decisões estratégicas e táticas para adaptar a marca a diferentes culturas. Essa delegação não só aliviou sua carga de trabalho, como também permitiu que a empresa crescesse de maneira mais rápida e consistente, aproveitando as habilidades e conhecimentos de especialistas locais.

Como resultado, a Starbucks conseguiu uma expansão bem-sucedida em vários países, conquistando novos mercados e diversificando suas operações. A confiança e o empoderamento que Schultz depositou na equipe foram cruciais para o sucesso da estratégia de crescimento global da empresa.

INSIGHT PRÁTICO

A lição de Schultz nos mostra que delegar é uma necessidade para qualquer líder que deseja expandir e crescer. Um *insight* prático é começar com delegações estratégicas menores, proporcionando ao colaborador autonomia para desenvolver projetos específicos. Por exemplo, se um líder precisa expandir um processo em uma nova unidade da empresa, ele pode delegar o planejamento detalhado a um gerente de confiança. Forneça expectativas claras, apoie quando necessário e permita que o colaborador tome decisões críticas. Dessa forma, você treina a equipe para assumir responsabilidades maiores e fomenta um ambiente de crescimento e confiança.

CAPÍTULO
24
A ARTE DA NEGOCIAÇÃO

24.1 TÉCNICAS DE NEGOCIAÇÃO NA LIDERANÇA

A negociação é uma habilidade essencial para qualquer líder que deseje inspirar e alcançar o sucesso. Não se trata apenas de chegar a um acordo, mas de estabelecer relações baseadas em respeito mútuo, confiança e soluções vantajosas para todos os envolvidos. Negociar é, acima de tudo, uma arte que requer empatia, comunicação eficaz e uma compreensão clara das necessidades de ambas as partes. Neste capítulo, vamos explorar as técnicas de negociação, como alcançar soluções ganha-ganha, lidar com conflitos e utilizar a comunicação eficaz como ferramenta-chave para a negociação.

Negociação envolve não apenas habilidade, mas também estratégias e técnicas que podem ser desenvolvidas e aprimoradas. No contexto da liderança, é fundamental que o líder compreenda essas técnicas para alcançar resultados que beneficiem a organização e fortaleçam o relacionamento com a equipe e parceiros.

A técnica de preparação é uma das mais importantes para o sucesso de qualquer negociação. O primeiro passo para uma boa negociação é estar preparado. Isso significa conhecer os detalhes do que está sendo negociado, entender as necessidades e desejos da outra parte e antecipar possíveis obstáculos. A preparação dá ao líder a vantagem de responder com confiança e clareza, ajudando a guiar o processo de forma produtiva. Perguntas como "O que eu realmente quero alcançar?" e "Quais são as prioridades da outra parte?" são fundamentais durante a fase de preparação.

Outra técnica valiosa é a técnica de escuta ativa. Um líder eficaz sabe que uma parte significativa da negociação é ouvir. Entender verdadeiramente as preocupações e expectativas da outra parte não só facilita a busca por um acordo, mas também demonstra respeito e consideração, fundamentais para o estabelecimento de um ambiente positivo. Durante as negociações, ouvir ativamente, fazendo perguntas abertas e buscando compreender o ponto de vista da outra parte, cria uma base de confiança e facilita o entendimento mútuo.

A flexibilidade e a criatividade também são técnicas essenciais na negociação. Frequentemente, as soluções ideais não são as que já estão na mesa, e cabe ao líder explorar alternativas que possam atender às necessidades de ambos os lados. Isso exige que o líder seja criativo, propondo opções diferentes e pensando "fora da caixa". A flexibilidade permite que ambas as partes se adaptem às circunstâncias e estejam abertas a compromissos, mantendo o foco em alcançar um acordo satisfatório.

Finalmente, uma técnica importante é o conhecimento do BATNA (*Best Alternative to a Negotiated Agreement*), ou "melhor alternativa a um acordo negociado". Um líder deve sempre ter clareza sobre quais são suas alternativas caso a negociação falhe. Ter um BATNA forte dá ao líder uma posição mais segura durante a negociação e ajuda a evitar aceitar um acordo desfavorável por falta de opções.

24.2 COMO ALCANÇAR SOLUÇÕES GANHA-GANHA

A busca por soluções ganha-ganha é um princípio essencial da negociação eficaz. Diferentemente de abordagens em que uma parte precisa "ganhar" e a outra "perder", as soluções ganha-ganha buscam beneficiar todos os envolvidos. Isso não apenas fortalece as relações, mas também cria um ambiente de colaboração e confiança.

A chave para alcançar soluções ganha-ganha é a compreensão profunda dos interesses de ambas as partes. Ao invés de se concentrar nas posições declaradas (o que cada lado diz que quer), o líder deve se concentrar nos interesses por trás dessas posições (por que cada lado quer aquilo). Por exemplo, imagine que um gerente deseja mais recursos para seu departamento e um diretor precisa cortar custos. Em vez de focar apenas no "sim ou não" para mais recursos, entender que o interesse do gerente é melhorar a eficiência da equipe pode levar a uma solução alternativa, como fornecer treinamento que aumente a produtividade sem adicionar grandes custos.

Outra forma de alcançar soluções ganha-ganha é mediante a criação de valor durante a negociação. Isso significa identificar áreas onde há potencial para agregar valor para ambas as partes. Por exemplo, durante uma negociação entre departamentos, o compartilhamento de recursos ou expertise pode resultar em benefícios que vão além da questão inicial em debate. Criar valor adicional demonstra que o líder está comprometido em beneficiar todos os envolvidos e não apenas em obter o que deseja.

A cooperação também é um fator chave. Quando ambas as partes sentem que estão cooperando em direção a um objetivo comum, há um compromisso maior para alcançar um resultado satisfatório para todos. Isso exige do líder não apenas empatia, mas também um espírito colaborativo e a habilidade de comunicar uma visão que beneficie todas as partes.

24.3 LIDANDO COM CONFLITOS EM NEGOCIAÇÕES

Conflitos são inevitáveis em qualquer processo de negociação. Pessoas têm interesses, expectativas e perspectivas diferentes, o que pode resultar em divergências. Para um líder, lidar com conflitos é uma oportunidade para transformar um possível impasse em uma solução produtiva.

A primeira abordagem ao lidar com conflitos é reconhecer que eles fazem parte do processo e não devem ser evitados a todo custo. Ignorar ou suprimir conflitos geralmente leva ao acúmulo de ressentimentos e à perda de confiança. Em vez disso, um líder eficaz reconhece os conflitos abertamente e os trata como oportunidades para encontrar soluções melhores.

Um método eficaz para lidar com conflitos é a mediação ativa, na qual o líder age como um facilitador da discussão. Isso envolve promover um ambiente onde cada parte sinta que pode expressar seus pontos de vista sem medo de julgamento ou repercussão. Durante a mediação, o líder deve fazer perguntas abertas, resumir o que foi dito para garantir entendimento mútuo e evitar julgamentos.

A empatia é essencial para lidar com conflitos. Um líder empático se esforça para entender as emoções e os pontos de vista de todas as partes envolvidas, criando um ambiente onde todos se sentem ouvidos e valorizados. Isso não apenas ajuda a desescalar conflitos, mas também promove uma negociação mais colaborativa, em que ambas as partes estão dispostas a se comprometer.

Outra técnica importante é focar no problema e não nas pessoas. Muitas vezes, os conflitos são intensificados porque as partes envolvidas personalizam a disputa, levando para o lado pessoal. Um líder deve se concentrar em manter a discussão voltada para a questão em debate, ajudando todos a entenderem que o objetivo é resolver o problema, e não vencer uma "batalha" contra outra pessoa.

24.4 USANDO A COMUNICAÇÃO EFICAZ PARA NEGOCIAR

A comunicação é o coração da negociação. Um líder que deseja negociar com eficácia precisa dominar a arte da comunicação, não apenas para expressar suas próprias ideias e intenções, mas também para compreender e responder às necessidades da outra parte.

Comunicação clara e objetiva é fundamental. O líder deve ser capaz de comunicar suas expectativas, limites e propostas de forma que a outra parte compreenda exatamente o que está sendo oferecido ou pedido. Ambiguidade e falta de clareza podem levar a mal-entendidos que comprometem todo o processo de negociação. Por isso, é essencial ser direto e transparente, garantindo que todos os pontos sejam discutidos abertamente.

Além de ser claro, o líder também deve ser um bom ouvinte. Ouvir ativamente significa prestar atenção total ao que está sendo dito, sem interromper ou formular respostas enquanto a outra pessoa fala. Fazer perguntas para esclarecer pontos e demonstrar que está ouvindo, como parafrasear o que foi dito, é uma maneira eficaz de garantir que não haja falhas de comunicação.

LIDERANÇA EM ASCENSÃO

A linguagem corporal também desempenha um papel importante na negociação. Expressões faciais, postura e gestos são formas de comunicação que muitas vezes falam mais alto do que as palavras. Um líder que mantém uma postura aberta, faz contato visual e demonstra interesse por meio de sinais não verbais cria um ambiente de confiança e cooperação. Por outro lado, cruzar os braços, evitar contato visual ou demonstrar desinteresse pode criar barreiras durante a negociação.

Finalmente, a comunicação emocional é uma ferramenta poderosa em negociações. Muitas vezes, a resistência em uma negociação não está relacionada a argumentos lógicos, mas sim a emoções e sentimentos. Um líder que é capaz de se conectar emocionalmente com a outra parte, mostrando empatia e compreensão, tem uma chance maior de construir um relacionamento de confiança e abrir espaço para um acordo satisfatório.

A negociação eficaz é uma arte que combina técnica, comunicação e compreensão humana. Um líder que deseja inspirar e alcançar o sucesso precisa ser capaz de navegar pelas complexidades das negociações, buscando soluções que beneficiem todas as partes e utilizando os desafios como oportunidades de crescimento. Ao dominar técnicas de negociação, promover soluções ganha-ganha, lidar com conflitos de maneira produtiva e utilizar a comunicação eficaz, o líder não apenas alcança seus objetivos, mas também estabelece um ambiente de trabalho mais colaborativo, positivo e inspirador. Negociar é muito mais do que barganhar; é criar relações que se sustentam com base em respeito, confiança e benefício mútuo.

HISTÓRIA REAL

Uma história real brasileira que exemplifica a arte da negociação é a da trajetória de Luiza Helena Trajano, presidente do Conselho de Administração do Magazine Luiza. Durante sua liderança, Luiza Trajano enfrentou muitos desafios para expandir a rede de lojas e tornar a empresa uma das maiores do Brasil no varejo. Um dos momentos marcantes foi durante a expansão de lojas para estados onde o Magazine Luiza não tinha presença. Havia resistência de fornecedores e desconfiança dos consumidores locais sobre uma marca desconhecida para eles.

Para negociar com os fornecedores e conquistar a confiança dos parceiros comerciais, Luiza Trajano utilizou a abordagem de busca por soluções ganha-ganha. Ela entendeu as necessidades dos fornecedores — que estavam interessados em um crescimento seguro e sustentável no mercado — e ofereceu propostas que beneficiavam ambas as partes. Uma dessas ações foi estabelecer compromissos de volume e de investimento em campanhas locais, garantindo que os fornecedores também fossem beneficiados pelo crescimento das lojas na região. Além disso, Trajano sempre fez questão de se aproximar dos colaboradores e consumidores, escutando suas preocupações e demonstrando empatia.

Outra parte importante da história foi a sua postura na resolução de conflitos. Em diversas negociações com sindicatos e colaboradores durante períodos de crise, Luiza Helena foi conhecida por sentar à mesa e ouvir todas as partes. Ela mantinha um diálogo aberto, focava nas soluções e transmitia uma visão clara de que todos ganhariam com o crescimento da empresa. Esse tipo de abordagem, em que o respeito e a comunicação são fundamentais, ajudou o Magazine Luiza a superar momentos desafiadores, mantendo os colaboradores motivados e os parceiros comerciais engajados.

INSIGHT PRÁTICO

A história de Luiza Helena Trajano nos mostra que o sucesso de uma negociação depende da habilidade de enxergar as necessidades de todos os envolvidos e buscar criar valor para ambas as partes. Um *insight* prático é sempre entrar em uma negociação com a intenção de entender não apenas o que a outra parte quer, mas por que ela quer aquilo. Ao se concentrar nos interesses e não nas posições, fica mais fácil encontrar soluções criativas que beneficiem todos. Além disso, manter uma comunicação aberta, ouvir ativamente e mostrar empatia durante as negociações são fatores que aumentam significativamente as chances de sucesso e ajudam a construir relacionamentos mais fortes e duradouros.

CAPÍTULO
25
O LÍDER COMO INSPIRADOR

25.1 COMO SER UMA FONTE DE INSPIRAÇÃO

Em um ambiente cada vez mais dinâmico e cheio de desafios, a capacidade de inspirar se tornou uma das principais qualidades de um líder moderno. Inspirar não é simplesmente motivar uma equipe a alcançar objetivos; é criar uma conexão que vá além do profissional, transformando a maneira como as pessoas se veem e veem seu trabalho. Líderes que inspiram ajudam suas equipes a ultrapassar barreiras, a inovar e a perseguir objetivos de maneira apaixonada. Neste capítulo, exploraremos como um líder pode ser uma verdadeira fonte de inspiração, como construir uma cultura que incentive o crescimento, o poder do reconhecimento e a importância de usar exemplos pessoais como ferramentas de inspiração.

Ser uma fonte de inspiração é, antes de mais nada, ser autêntico. Um líder inspirador não esconde suas vulnerabilidades, mas as usa para mostrar que, apesar das dificuldades, é possível superar desafios. A autenticidade cria uma conexão genuína, pois as pessoas tendem a se inspirar em quem elas percebem como verdadeiro. Se um líder se mostra honesto sobre os obstáculos que enfrentou e compartilha como conseguiu superar esses desafios, ele cria uma identificação real com a equipe, que passa a acreditar que também pode alcançar resultados significativos.

Outra característica fundamental de um líder inspirador é a clareza de propósito. Um líder deve ser capaz de comunicar claramente sua visão e seus objetivos. Pessoas são inspiradas por causas maiores do que elas mesmas, e quando um líder mostra que está comprometido com um propósito significativo, isso se torna uma fonte poderosa de motivação. Por exemplo, em vez de apenas falar sobre a necessidade de alcançar metas de vendas, um líder pode conectar essas metas a um propósito maior, como a melhoria de vida dos clientes e a contribuição para o desenvolvimento da comunidade. Assim, a equipe não está apenas vendendo produtos, mas também fazendo parte de algo maior.

A empatia também é uma característica crucial. Um líder que se coloca no lugar da equipe e compreende suas necessidades e preocupações é capaz de gerar uma atmosfera de confiança e respeito. Ao se interessar verdadeiramente pelos membros da equipe, um líder pode identificar melhor o que os motiva e como ajudá-los a se desenvolverem. Essa empatia, somada à habilidade de comunicar uma visão inspiradora, cria um ambiente no qual as pessoas se sentem valorizadas e motivadas.

Por fim, ser uma fonte de inspiração envolve demonstrar coragem e determinação. Quando um líder enfrenta desafios de frente, mesmo em situações difíceis, ele mostra à equipe que é possível persistir e vencer.

A coragem não é apenas sobre não ter medo, mas sobre seguir em frente apesar do medo, e é exatamente essa atitude que inspira os outros a fazerem o mesmo.

25.2 CRIANDO UMA CULTURA INSPIRADORA

Um líder sozinho pode ser uma fonte de inspiração, mas para realmente transformar uma organização, é essencial criar uma cultura inspiradora que se espalhe por todos os níveis da empresa. Essa cultura não nasce por acaso; ela é cultivada ativamente por líderes que entendem a importância de fomentar um ambiente onde todos se sintam motivados e engajados.

A cultura de propósito compartilhado é um dos pilares de uma cultura inspiradora. Quando a organização tem uma missão clara

LIDERANÇA EM ASCENSÃO

e valores bem definidos, os colaboradores são capazes de ver o impacto do seu trabalho no todo. Isso significa que cada colaborador deve entender como seu papel contribui para a realização dos objetivos gerais da empresa e como seu esforço afeta positivamente os resultados e a sociedade. O líder tem um papel importante em conectar essas atividades individuais ao propósito maior, criando um sentido de pertencimento.

O ambiente de apoio e colaboração também é fundamental para a criação de uma cultura inspiradora. As pessoas se sentem motivadas quando sabem que podem contar com o apoio dos colegas e que estão em um ambiente onde o erro é visto como uma oportunidade de aprendizado e não como um motivo para punição. Isso exige que o líder promova uma mentalidade de crescimento, em que as pessoas se sintam seguras para inovar, experimentar e aprender.

Outro fator essencial para a criação de uma cultura inspiradora é o envolvimento de todos na tomada de decisões. Um ambiente onde os colaboradores são incentivados a participar das decisões e a compartilhar suas ideias é um ambiente no qual as pessoas se sentem valorizadas e empoderadas. Isso gera não apenas motivação, mas também uma sensação de responsabilidade e comprometimento com os resultados.

Comunicação aberta e transparente também é fundamental. Quando o líder se comunica de maneira aberta, compartilhando os sucessos e os desafios da empresa, ele cria um senso de confiança e pertença. Transparência é inspiradora porque reforça que todos estão na mesma jornada, enfrentando os mesmos desafios e celebrando as mesmas vitórias.

25.3 O PODER DO RECONHECIMENTO NA MOTIVAÇÃO

O reconhecimento é uma das formas mais poderosas de motivar e inspirar pessoas. Todo ser humano deseja ser valorizado por seus esforços e contribuições, e um líder que reconhece as conquistas da sua equipe, grandes ou pequenas, está construindo um ambiente de alta motivação e comprometimento.

Reconhecimento público, como elogios durante reuniões de equipe ou em comunicados internos, pode ser um fator de grande impacto. Quando um colaborador é reconhecido na frente dos colegas, ele não apenas se sente valorizado, mas também serve como exemplo para os outros, demonstrando que os esforços são recompensados e apreciados.

Além do reconhecimento público, o reconhecimento personalizado também tem um impacto profundo. Um líder que conhece sua equipe e entende como cada pessoa gosta de ser reconhecida é capaz de criar uma conexão mais forte. Algumas pessoas se sentem mais valorizadas com uma conversa particular de agradecimento, enquanto outras preferem receber *feedback* por escrito ou uma oportunidade de crescimento. Conhecer essas nuances permite que o líder ofereça reconhecimento de uma forma mais significativa.

Outro aspecto importante do reconhecimento é que ele não deve ser limitado apenas aos grandes feitos. Reconhecer o progresso e os pequenos passos é igualmente importante. Quando um líder reconhece o esforço contínuo e o desenvolvimento, ele demonstra que valoriza o trabalho árduo e a dedicação, e não apenas os resultados finais. Isso mantém os colaboradores motivados ao longo de todo o processo, e não apenas no fim.

O poder do reconhecimento está em sua capacidade de incentivar comportamentos positivos. Ao reconhecer e valorizar as atitudes e resultados que são importantes para a organização, o líder está, essencialmente, moldando a cultura da empresa. As pessoas tendem a repetir os comportamentos que são reconhecidos e recompensados, o que contribui para um ambiente de alta performance e inspiração.

25.4 USANDO EXEMPLOS PESSOAIS PARA INSPIRAR

Compartilhar experiências pessoais é uma das formas mais autênticas de inspirar uma equipe. Quando um líder compartilha suas histórias de desafios, fracassos e superações, ele não está apenas contando uma história, mas está criando uma conexão emocional com a equipe. Essas histórias mostram que o líder também enfrenta dificuldades, mas que, com perseverança e determinação, é possível superá-las.

LIDERANÇA EM ASCENSÃO

Um líder que compartilha exemplos pessoais de fracassos e como conseguiu se reerguer demonstra vulnerabilidade e humanidade. Isso é inspirador porque quebra a ideia de que líderes são infalíveis ou inatingíveis. Ao compartilhar momentos difíceis, o líder ensina à equipe que o erro faz parte da jornada e que todos têm a capacidade de se recuperar e continuar crescendo. Isso cria um ambiente onde os colaboradores se sentem mais confortáveis em assumir riscos, inovar e aprender com os erros.

Além dos fracassos, compartilhar exemplos de sucesso e os caminhos que levaram até lá é igualmente inspirador. Mostrar como determinada conquista foi alcançada, os esforços envolvidos e as estratégias aplicadas ajuda a equipe a visualizar o que é possível quando se tem foco e comprometimento. Essas histórias também servem como guias práticos para os colaboradores, que podem se espelhar no líder e replicar as atitudes que o levaram ao sucesso.

A identificação é um fator chave. Quando o líder compartilha exemplos pessoais, ele permite que os colaboradores se identifiquem com ele. Essa identificação faz com que as pessoas sintam que estão sendo lideradas por alguém que já esteve no lugar delas, que compreende seus desafios e que, portanto, é capaz de orientá-las de maneira mais eficaz. Isso gera confiança e inspira a equipe a se dedicar e a perseguir seus próprios objetivos com ainda mais determinação.

Ser um líder inspirador é uma jornada contínua de autenticidade, empatia e comunicação clara. Inspirar não é impor, mas sim despertar nos outros a vontade de fazer mais e de se tornarem melhores. Um líder inspirador transforma pessoas, não apenas processos; cria culturas em que todos se sentem motivados a contribuir, e não apenas a cumprir tarefas. O poder de inspirar vem da habilidade de conectar o trabalho a um propósito maior, reconhecer os esforços e, acima de tudo, ser um exemplo vivo de coragem, determinação e humanidade. Liderar é inspirar, e inspirar é construir um legado que transcende metas e objetivos, impactando vidas e comunidades.

HISTÓRIA REAL:

Uma história real que exemplifica um líder inspirador é a trajetória de Ricardo Semler, ex-CEO da empresa Semco S/A. Durante sua liderança, Semler implementou um modelo de gestão inovador e altamente inspirador, que ficou conhecido por sua ênfase na autonomia dos funcionários e em uma cultura de confiança e respeito mútuo.

Quando Ricardo Semler assumiu a Semco, ele percebeu que as práticas tradicionais de gestão estavam sufocando a criatividade e o engajamento dos funcionários. Ele decidiu transformar a empresa, adotando uma abordagem radicalmente diferente. Semler passou a delegar poder de decisão para os próprios colaboradores, permitindo que eles escolhessem seus horários de trabalho, seus projetos e até seus próprios gestores. Isso gerou um ambiente de confiança, onde cada pessoa se sentia parte essencial do sucesso da empresa.

Além disso, Semler compartilhava abertamente seus próprios desafios como líder, mostrando sua vulnerabilidade. Em diversas entrevistas e discursos, ele relatou momentos em que teve dúvidas sobre suas decisões, mas escolheu seguir em frente por acreditar em sua visão de uma empresa mais humana. Esses exemplos pessoais mostravam aos funcionários que o líder também era uma pessoa comum, suscetível a erros e dúvidas, o que ajudava a fortalecer a identificação e a empatia entre ele e a equipe.

Outro aspecto importante da liderança de Semler foi o reconhecimento constante das conquistas dos colaboradores. Ele acreditava que a valorização dos esforços individuais era fundamental para manter o engajamento. Semler costumava elogiar publicamente os feitos da equipe e destacava o impacto positivo que suas ações tinham para a empresa e para os clientes. Essa abordagem fez com que os funcionários se sentissem valorizados e inspirados a dar o melhor de si.

INSIGHT PRÁTICO

A história de Ricardo Semler nos ensina que ser um líder inspirador envolve mais do que apenas ter uma visão clara e estratégica — é preciso também empoderar a equipe, confiar nas suas capacidades e criar um ambiente de autonomia e reconhecimento. Um *insight* prático que podemos tirar dessa história é que um líder deve promover um ambiente onde os colaboradores sintam que têm controle sobre suas responsabilidades e que suas opiniões são valorizadas. Isso pode ser feito por meio da delegação de decisões e da criação de oportunidades para que os funcionários se envolvam em projetos significativos. Além disso, o reconhecimento regular das conquistas, sejam grandes ou pequenas, ajuda a manter a motivação e a criar uma cultura inspiradora na qual todos se sintam parte do sucesso da organização.

CAPÍTULO
26
GESTÃO DO TEMPO E PRODUTIVIDADE

26.1 COMO GERENCIAR O TEMPO DE FORMA EFICAZ

A gestão do tempo é uma das habilidades mais fundamentais na busca por uma vida profissional e pessoal equilibrada e produtiva. Muitas pessoas enfrentam o desafio diário de fazer mais com menos, seja no ambiente de trabalho ou em suas responsabilidades pessoais. A produtividade não é apenas sobre fazer o máximo de tarefas possíveis em um curto espaço de tempo, mas sim sobre realizar o que realmente importa de forma eficiente e com qualidade. Neste capítulo, exploraremos como otimizar o uso do tempo e aumentar a produtividade, com estratégias práticas e ferramentas úteis.

O gerenciamento eficaz do tempo é a chave para uma vida mais organizada e menos estressante. Não se trata apenas de controlar o relógio, mas de alinhar as atividades diárias aos seus objetivos de curto e longo prazo. Para gerenciar o tempo de forma eficaz, é essencial começar estabelecendo metas claras. Metas bem definidas ajudam a priorizar tarefas e evitam que você desperdice tempo com atividades menos importantes.

Uma boa forma de começar é entender como seu tempo é gasto atualmente. Realize uma auditoria de tempo durante uma semana e anote todas as suas atividades, seja no trabalho, em casa ou nos momentos de lazer. Assim, você identificará quais atividades são essenciais e quais são verdadeiros ladrões de tempo. É comum nos pegarmos presos em redes sociais, verificando e-mails sem necessidade ou participando de reuniões pouco produtivas. Conhecendo os seus hábitos, você poderá tomar decisões mais conscientes sobre o que manter ou eliminar.

Além disso, adotar a técnica conhecida como Matriz de Eisenhower pode ajudar a classificar as atividades entre importantes e urgentes. Esta técnica divide as tarefas em quatro quadrantes: importantes e urgentes, importantes e não urgentes, não importantes e urgentes, e não importantes e não urgentes. A ideia é focar em atividades que são importantes, evitando ser consumido por tarefas apenas urgentes e de pouco impacto. Aprender a diferenciar essas duas características fará toda a diferença na maneira como você gerencia o seu tempo.

Outra técnica poderosa para gerenciar o tempo é o método Pomodoro, que consiste em trabalhar em blocos de 25 minutos, seguidos por um curto intervalo. Essa técnica ajuda a manter o foco e evita que a mente fique cansada por longos períodos de concentração. Durante esses blocos, a recomendação é manter a atenção total na tarefa escolhida, evitando distrações como notificações de celular ou e-mails.

26.2 FERRAMENTAS PARA AUMENTAR SUA PRODUTIVIDADE

Existem muitas ferramentas que podem ser utilizadas para aumentar a produtividade. Cada pessoa tem seu próprio estilo de trabalho, e o segredo está em encontrar as ferramentas que melhor se encaixam nas suas necessidades.

Uma ferramenta clássica para organizar tarefas é o Trello, que utiliza o método de Kanban para visualizar o fluxo de atividades. Nele, você pode criar quadros específicos para projetos, com listas para tarefas pendentes, em andamento e concluídas. Essa visualização clara do progresso é essencial para manter a organização e saber em que ponto cada tarefa se encontra.

O Google Calendar também é uma ferramenta indispensável para quem deseja gerenciar o tempo de maneira eficaz. Ele permite

LIDERANÇA EM ASCENSÃO

organizar compromissos, definir lembretes e visualizar a semana com antecedência, evitando que reuniões e atividades importantes sejam esquecidas. O uso de cores diferentes para cada tipo de compromisso pode ajudar a diferenciar tarefas de trabalho, vida pessoal e estudos.

Outra ferramenta popular para aumentar a produtividade é o Notion, que funciona como um espaço digital de trabalho. Ele permite criar listas de tarefas, bancos de dados e documentos, tudo em um único lugar. O Notion é muito útil para pessoas que gostam de centralizar todas as informações em um só ambiente, e pode ser facilmente adaptado a diferentes tipos de projetos.

Para gerenciar o foco, ferramentas como o Forest são úteis. O Forest é um aplicativo que estimula o usuário a evitar o uso do celular enquanto trabalha. A cada período focado, uma árvore virtual cresce, e o usuário é recompensado com uma floresta virtual. Isso pode parecer simples, mas a gamificação do foco ajuda muitas pessoas a reduzirem distrações e se manterem no caminho certo.

O Evernote também é uma excelente ferramenta para registrar ideias, fazer anotações e armazenar informações importantes. A capacidade de sincronizar notas em diferentes dispositivos torna o Evernote um aliado importante na organização e otimização do tempo. Ele é muito útil, principalmente para quem trabalha com múltiplos projetos e precisa ter acesso rápido a informações relevantes.

26.3 PRIORIZAÇÃO DE TAREFAS E DELEGAÇÃO

Uma das maiores armadilhas para a produtividade é tentar fazer tudo sozinho. A priorização e a delegação são práticas fundamentais para quem deseja se concentrar no que realmente importa.

A primeira etapa na priorização é diferenciar tarefas entre importantes e urgentes, conforme mencionado na matriz de Eisenhower. Depois de identificar as prioridades, você deve começar pelas tarefas que trarão mais impacto no cumprimento de suas metas. Uma técnica eficaz para priorização é a Regra 80/20 (ou Princípio de Pareto), que sugere que 80% dos resultados vêm de 20% dos esforços. Ou seja, identificar quais tarefas produzem mais resultados ajudará a investir o tempo de forma mais produtiva.

Outro ponto essencial é aprender a dizer "não". Muitas vezes, temos a tendência de aceitar mais compromissos do que somos capazes de realizar, o que resulta em estresse e baixa qualidade no trabalho. Aprender a ser seletivo com as atividades e compromissos que você aceita permite uma melhor gestão do tempo e reduz a sobrecarga.

Quando se trata de delegação, a resistência em confiar tarefas a outras pessoas é um obstáculo comum, especialmente em posições de liderança. Entretanto, delegar tarefas pode ser um poderoso meio de liberar seu tempo para focar no que é mais relevante. Delegar com eficácia envolve identificar o membro da equipe certo para cada tarefa, garantindo que eles possuam as habilidades necessárias para realizá-la. Também é importante fornecer instruções claras e um acompanhamento que garanta o cumprimento dos objetivos, mas sem micro gerenciar.

26.4 BALANCEANDO RESPONSABILIDADES COM EFICIÊNCIA

Equilibrar as responsabilidades de maneira eficiente é um desafio, especialmente para aqueles que acumulam diferentes papéis, seja no trabalho, na família ou na comunidade. A busca pelo equilíbrio não é apenas uma questão de produtividade, mas também de saúde e bem-estar. Para conseguir esse equilíbrio, é necessário compreender as suas prioridades de vida e garantir que o tempo seja distribuído de forma proporcional entre as diferentes áreas.

Uma boa prática para começar a balancear responsabilidades é definir limites claros entre o trabalho e a vida pessoal. Com a expansão do trabalho remoto, esses limites tornaram-se mais fluidos, mas estabelecer um horário fixo para iniciar e encerrar o trabalho pode evitar a sensação de estar "sempre trabalhando". Ter horários definidos para a família, para os hobbies e para o descanso é fundamental para manter a energia e a motivação a longo prazo.

Outra estratégia importante é o conceito de bloqueio de tempo (*time blocking*). Essa técnica consiste em alocar blocos de tempo em sua agenda para atividades específicas. Por exemplo, você pode reservar as manhãs para tarefas criativas ou estratégicas, e deixar as tardes para tarefas mais administrativas. Essa prática ajuda a reduzir a sensação de urgência constante, pois cria uma estrutura mais clara sobre quando cada atividade será feita.

Cuidar da saúde mental e física é igualmente importante para a eficiência. Quando o corpo e a mente estão cansados, é impossível atingir altos níveis de produtividade. Práticas como exercícios físicos, alimentação balanceada e sono de qualidade são pilares que contribuem para uma melhor performance. Além disso, tirar um tempo para relaxar e se desconectar do trabalho é fundamental para evitar o esgotamento (*burnout*).

Por fim, o uso da técnica de revisão semanal pode ajudar a manter as responsabilidades balanceadas e garantir a eficiência. A cada semana, reserve um tempo para revisar o que foi feito, o que está pendente e o que precisa ser ajustado para a semana seguinte. Essa prática não só mantém você organizado, mas também oferece uma visão de longo prazo, permitindo ajustes necessários para manter o equilíbrio entre trabalho e vida pessoal.

A gestão eficaz do tempo e a busca pela produtividade não se tratam de fazer mais coisas, mas de fazer as coisas certas. Ao aprender a gerenciar o tempo de maneira inteligente, utilizando ferramentas adequadas, priorizando e delegando tarefas, e equilibrando responsabilidades, é possível aumentar significativamente a qualidade de vida e o desempenho profissional.

Cada pessoa tem seu próprio ritmo e métodos que funcionam melhor. Experimentar diferentes técnicas e ferramentas, e adaptar aquilo que mais se encaixa em sua realidade, é fundamental para criar um sistema de gestão de tempo que seja eficaz para você. Lembre-se: a produtividade não é sobre estar constantemente ocupado, mas sim sobre obter resultados que realmente importam, mantendo a saúde e o bem-estar.

HISTÓRIA REAL

Mariana é uma profissional de marketing digital que sempre se orgulhou de ser produtiva e dedicada ao seu trabalho. Entretanto, após ser promovida para uma posição de liderança, começou a sentir que sua lista de tarefas diárias nunca diminuía. Mariana estava constantemente ocupada, mas sua produtividade parecia não ser suficiente para lidar com todas as responsabilidades. O resultado era um nível crescente de estresse e a sensação de que, apesar de todo o esforço, não conseguia avançar em seus projetos mais importantes.

Foi então que decidiu buscar ajuda. Contratou um *coach* de produtividade que lhe apresentou a Matriz de Eisenhower e o Princípio de Pareto. Em uma análise detalhada de sua rotina, percebeu que estava gastando muito tempo com tarefas urgentes, mas pouco importantes, que poderiam ser delegadas para sua equipe. Aprendeu a priorizar o que era verdadeiramente relevante, concentrando seus esforços em atividades estratégicas, e começou a dizer "não" para algumas demandas que não traziam valor real para a equipe.

Além disso, Mariana adotou o método de bloqueio de tempo (*time blocking*) para separar momentos específicos do seu dia para atividades críticas. Passou a reservar as manhãs para projetos que exigiam concentração profunda, enquanto deixava as tardes para reuniões e tarefas administrativas. Também começou a delegar mais responsabilidades para seus subordinados, oferecendo orientação, mas confiando no potencial da equipe.

Após algumas semanas, notou uma mudança significativa. Sua produtividade melhorou, o estresse diminuiu e, pela primeira vez em meses, teve tempo para se dedicar a atividades fora do trabalho. Mariana percebeu que ser produtiva não significava apenas "fazer mais", mas sim "fazer o que realmente importa" e de maneira estratégica.

INSIGHT PRÁTICO

A história de Mariana nos ensina que produtividade não se trata de fazer tudo por conta própria ou de se manter sempre ocupado. Um *insight* prático que podemos tirar disso é adotar uma revisão semanal: todas as sextas-feiras ou domingos, reserve 30 minutos para refletir sobre o que foi feito durante a semana e o que precisa ser ajustado para a próxima. Essa prática permite que você identifique tarefas desnecessárias, defina prioridades e, eventualmente, delegue algumas responsabilidades, criando um ciclo de aprendizado contínuo sobre como melhor gerir seu tempo.

CAPÍTULO
27
CRIATIVIDADE E INOVAÇÃO

27.1 COMO INCENTIVAR A CRIATIVIDADE NA EQUIPE

A criatividade e a inovação são os motores que impulsionam o crescimento das organizações e a sociedade como um todo. Em um mundo cada vez mais dinâmico, ser criativo não é um luxo, mas uma necessidade. A inovação permite que empresas se diferenciem no mercado, criem valor e enfrentem desafios complexos de forma ágil e eficiente. No entanto, a criatividade não surge do acaso — ela deve ser cultivada, incentivada e direcionada para soluções práticas. Este capítulo abordará como fomentar a criatividade e a inovação, tanto em equipes quanto em ambientes organizacionais, e como abraçar novas ideias que podem transformar a realidade de maneira sustentável.

A criatividade na equipe não é um talento reservado apenas a indivíduos específicos. Cada membro de uma equipe pode, de alguma forma, contribuir com uma nova perspectiva ou uma ideia inovadora. No entanto, para que isso aconteça, é fundamental criar um ambiente que encoraje a expressão criativa e a colaboração entre todos.

O primeiro passo para incentivar a criatividade na equipe é promover uma cultura de segurança psicológica. As pessoas precisam sentir que suas ideias serão respeitadas e levadas em consideração, mesmo que não sejam perfeitas ou estejam completamente desenvolvidas. Muitas vezes, o medo do julgamento impede a equipe de compartilhar ideias criativas, resultando em uma estagnação do potencial inovador. Líderes devem estar preparados para ouvir as contribuições de todos, encorajando um diálogo aberto e aceitando críticas construtivas.

Outro fator importante para incentivar a criatividade é a diversidade. Equipas compostas por pessoas com diferentes formações, experiências e culturas tendem a produzir ideias mais ricas e inovadoras. Isso ocorre porque cada membro traz consigo uma perspectiva única, desafiando o *status quo* e apresentando alternativas que talvez não fossem percebidas em um grupo homogêneo. A diversidade de pensamento permite que a equipe veja problemas por diferentes ângulos, gerando soluções mais completas e eficientes.

É importante também incentivar a prática do *brainstorming*, mas de uma forma que seja estruturada e produtiva. O *brainstorming* é uma excelente ferramenta para fomentar novas ideias, desde que conduzido de maneira eficaz, sem críticas durante a geração inicial de ideias. Além disso, técnicas como o *brainwriting* — em que os participantes escrevem suas ideias antes de compartilhá-las com o grupo — ajudam aqueles que são mais introvertidos a se expressarem de forma confortável, garantindo que todas as vozes sejam ouvidas.

Premiar a criatividade é outro ponto essencial. Muitas empresas caem na armadilha de apenas reconhecer as ideias bem-sucedidas. No entanto, premiar o esforço criativo, independentemente do resultado final, ajuda a reforçar a cultura de inovação. Isso mostra à equipe que o valor está tanto no processo quanto no resultado, e que o fracasso faz parte do caminho para a inovação.

27.2 CRIANDO UM AMBIENTE PROPÍCIO PARA A INOVAÇÃO

Para que a inovação floresça, é fundamental criar um ambiente que seja propício para ela. Isso envolve não apenas a cultura organizacional, mas também o espaço físico e a maneira como o trabalho é organizado. Empresas que buscam inovação devem se preocupar em criar espaços que promovam interação, criatividade e troca de conhecimento.

LIDERANÇA EM ASCENSÃO

O ambiente físico pode influenciar diretamente o comportamento e a produtividade da equipe. Escritórios que são flexíveis, com áreas abertas para colaboração, salas de descanso e espaços para brainstorm, são mais eficazes em estimular a inovação. Ter um espaço agradável, que não seja limitado por cubículos, faz com que os colaboradores se sintam mais confortáveis para trocar ideias, experimentar e até cometer erros.

A autonomia também desempenha um papel crucial na criação de um ambiente inovador. Quando os colaboradores têm autonomia para tomar decisões e conduzir projetos de forma independente, tendem a se sentir mais motivados a pensar fora da caixa e buscar novas soluções. Líderes que confiam em suas equipes e delegam responsabilidades permitem que seus colaboradores desenvolvam um senso de propriedade em relação ao trabalho, o que incentiva o surgimento de ideias criativas.

Um ambiente propício à inovação é também aquele que promove a curiosidade e o aprendizado contínuo. Oferecer oportunidades de capacitação, seja por meio de cursos, *workshops* ou palestras, ajuda a manter os colaboradores atualizados com as últimas tendências e tecnologias. Além disso, incentivar que a equipe explore novos interesses e compartilhe o que aprendeu com os demais é uma maneira de criar um ciclo contínuo de aprendizado e inovação.

A colaboração interdepartamental é outra estratégia que pode trazer grandes resultados. Muitas vezes, as melhores ideias surgem da combinação de diferentes áreas de conhecimento. Promover projetos em que profissionais de diferentes departamentos trabalhem juntos pode trazer novas perspectivas e abordagens inesperadas para um problema comum. A sinergia entre pessoas de diferentes funções promove uma troca rica e valiosa, que muitas vezes resulta em soluções inovadoras.

27.3 ABRAÇANDO IDEIAS DISRUPTIVAS

Para que uma empresa se torne inovadora de fato, é necessário ter a disposição de abraçar ideias disruptivas. Elas são aquelas que desafiam o *status quo*, que mudam paradigmas e que, muitas vezes, parecem impossíveis de implementar. No entanto, muitas das maiores inovações da história começaram como ideias que foram desacreditadas ou subestimadas.

Abraçar ideias disruptivas exige coragem e uma dose de tolerância ao risco. Isso não significa agir sem planejamento, mas estar disposto a experimentar e aceitar que algumas iniciativas não vão funcionar como o esperado. O fracasso, nesse contexto, não deve ser visto como algo negativo, mas como uma oportunidade de aprendizado. Empresas que se destacam pela inovação geralmente têm uma abordagem ágil, em que protótipos são rapidamente testados, avaliados e ajustados, sem medo de errar.

Um bom exemplo de prática para abraçar ideias disruptivas é a implementação do conceito de "*sprints* de inovação". Essa prática consiste em dedicar um curto período de tempo, geralmente uma semana, para o desenvolvimento e validação de novas ideias. Durante esse período, a equipe se concentra em um único problema ou oportunidade, experimenta diferentes abordagens e testa protótipos, permitindo que novas ideias sejam testadas rapidamente e sem grandes investimentos.

Além disso, a escuta ativa do cliente pode ser uma fonte de ideias disruptivas. Muitas vezes, os consumidores têm necessidades e expectativas que ainda não são atendidas pelas soluções existentes. As empresas que escutam seus clientes de forma genuína e utilizam essas informações para criar produtos ou serviços inovadores conseguem se destacar da concorrência. Essa prática permite que as empresas não apenas inovem, mas inovem de forma que faça sentido para o público-alvo.

27.4 INOVAÇÃO COMO UMA FERRAMENTA PARA A SUSTENTABILIDADE

Nos dias atuais, a inovação não deve ser vista apenas como um meio de ganhar vantagem competitiva, mas também como uma ferramenta para alcançar a sustentabilidade. O mundo está cada vez mais consciente dos desafios ambientais e sociais que enfrentamos, e as empresas têm um papel importante na busca por soluções inovadoras que contribuam para um futuro mais sustentável.

A inovação sustentável busca resolver problemas sociais e ambientais por meio de novas abordagens que reduzam o impacto

LIDERANÇA EM ASCENSÃO

negativo e gerem valor para todos os envolvidos. Muitas empresas estão investindo em tecnologias que ajudam a reduzir o consumo de recursos, a reutilizar materiais e a diminuir a emissão de gases poluentes. Por exemplo, a utilização de energia renovável, a implementação de processos circulares e a otimização da cadeia de suprimentos são áreas onde a inovação tem desempenhado um papel fundamental na promoção da sustentabilidade.

Além disso, a responsabilidade social corporativa pode ser um ponto de partida para a inovação sustentável. Empresas que estão atentas às necessidades das comunidades em que operam são capazes de identificar oportunidades para criar soluções que gerem impacto positivo. Isso pode envolver desde o desenvolvimento de produtos que utilizem menos recursos naturais até a criação de iniciativas que promovam o desenvolvimento local e a inclusão social.

A inovação sustentável também é importante do ponto de vista da longevidade dos negócios. Empresas que adotam práticas sustentáveis não apenas contribuem para um mundo melhor, mas também aumentam sua resiliência a crises e conquistam a confiança dos consumidores, que estão cada vez mais atentos às práticas das marcas que consomem. Isso significa que a inovação sustentável não é apenas uma obrigação moral, mas também uma estratégia inteligente para garantir o sucesso de longo prazo.

Criatividade e inovação são fundamentais para garantir a sobrevivência e o crescimento das organizações em um cenário competitivo e dinâmico. No entanto, essas habilidades não surgem do nada — elas devem ser incentivadas e cultivadas por meio de um ambiente de trabalho que valorize a segurança psicológica, a diversidade e a autonomia. A capacidade de abraçar ideias disruptivas e de usar a inovação como ferramenta para a sustentabilidade também se mostra essencial para enfrentar os desafios do presente e construir um futuro melhor.

Cada organização, assim como cada pessoa, tem o potencial de ser criativa e inovadora. Ao adotar uma abordagem estratégica e bem estruturada para incentivar a criatividade e implementar inovações, é possível gerar soluções que não só impulsionem o crescimento dos negócios, mas também contribuam para o desenvolvimento sustentável do mundo em que vivemos.

HISTÓRIA REAL

A empresa de design de móveis "Casa Verde" enfrentava uma crise financeira. Os produtos estavam desatualizados e a concorrência vinha ganhando espaço no mercado com móveis mais modernos e sustentáveis. A equipe de liderança decidiu que era hora de mudar radicalmente e trazer inovação para o negócio, mas não sabia por onde começar. Então, contrataram um novo gerente de design, Rafael, que tinha experiência em fomentar a criatividade e inovação em empresas do setor.

Rafael iniciou seu trabalho incentivando a criatividade na equipe por meio da implementação de sessões regulares de *brainstorming*. Nessas sessões, qualquer ideia, mesmo as mais ousadas ou aparentemente impraticáveis, era considerada e discutida. Ele promoveu uma cultura de segurança psicológica, fazendo com que todos os colaboradores se sentissem à vontade para propor soluções inovadoras, sem medo de julgamento. O resultado foi uma explosão de novas ideias, incluindo propostas de móveis modulares, feitos com materiais reciclados.

Além disso, Rafael criou um ambiente propício para a inovação. Reorganizou o espaço do escritório para facilitar a colaboração entre os designers e a equipe de produção, eliminando barreiras físicas que atrapalhavam a comunicação. Também incentivou a autonomia, permitindo que os designers escolhessem em quais projetos queriam trabalhar. Isso aumentou a motivação e o senso de propriedade em relação aos produtos.

A grande virada aconteceu quando Rafael começou a abraçar ideias disruptivas. Um dos designers propôs a criação de uma linha de móveis feitos inteiramente de plástico reciclado coletado dos oceanos. A ideia parecia arriscada, mas Rafael viu potencial e liderou um *sprint* de inovação de uma semana para desenvolver protótipos. Eles testaram a ideia rapidamente e, surpreendentemente, ela ganhou tração. A nova linha de móveis não só resgatou a imagem da Casa Verde como uma empresa moderna e sustentável, mas também atraiu novos consumidores preocupados com o meio ambiente.

A inovação sustentável tornou-se o foco da empresa, e, em poucos anos, a Casa Verde consolidou sua posição no mercado como referência em design de móveis ecológicos. A estratégia ajudou a empresa a superar a crise e também a conquistar uma base fiel de consumidores que valorizavam o compromisso com a sustentabilidade.

INSIGHT PRÁTICO

A história da Casa Verde nos mostra que a inovação não se trata apenas de tecnologia, mas de uma mudança cultural e de atitude. Um *insight* prático é implementar sessões regulares de *brainstorming*, criando um ambiente onde todas as ideias são bem-vindas, mesmo as mais ousadas. Promover a segurança psicológica e permitir que a equipe se sinta à vontade para errar e experimentar pode ser a chave para encontrar soluções inovadoras e se destacar no mercado.

CAPÍTULO
28
GESTÃO DE MUDANÇAS

28.1 PREPARANDO A EQUIPE PARA MUDANÇAS

Mudança é uma constante no mundo corporativo, e aqueles que não se adaptam ficam para trás. Organizações enfrentam mudanças frequentemente, seja devido a avanços tecnológicos, novas condições de mercado ou reestruturações internas. No entanto, a maneira como essas mudanças são geridas faz toda a diferença. Uma transição mal conduzida pode gerar desmotivação, queda de produtividade e resistência entre os colaboradores. Este capítulo abordará como preparar uma equipe para mudanças, liderar durante processos de transformação, superar resistências e utilizar a mudança como alavanca para o crescimento.

Preparar a equipe para mudanças é um processo que requer clareza, comunicação e empatia. Um dos maiores erros cometidos pelas organizações é tentar implementar mudanças abruptamente, sem um planejamento adequado ou sem preparar o terreno para as transformações que virão. Para que a mudança seja bem-sucedida, é essencial criar uma base sólida e preparar as pessoas envolvidas, garantindo que elas entendam o motivo e a importância das alterações.

O primeiro passo é comunicar de forma clara e transparente. A comunicação eficaz é essencial para reduzir a incerteza e a ansiedade, que são emoções naturais quando mudanças são anunciadas. A equipe precisa saber o "porquê" da mudança: por que ela é necessária? Como ela beneficiará a organização e, potencialmente, cada um dos colaboradores? Explicar a razão por trás da mudança ajuda a criar um senso de urgência e alinhamento com os objetivos da empresa.

Outro aspecto importante é a participação ativa da equipe no processo. Incluir os colaboradores nas discussões iniciais sobre as mudanças e permitir que eles ofereçam sugestões não só aumenta o comprometimento como também melhora a qualidade das decisões. Quanto mais envolvidos eles estiverem desde o início, mais preparados estarão para aceitar e adotar as mudanças propostas.

Além disso, o treinamento e o desenvolvimento contínuo são fundamentais para preparar a equipe para mudanças. Capacitar os colaboradores para lidar com as novas demandas, seja por meio de treinamentos formais ou mentorias, reduz o medo do desconhecido e aumenta a confiança no processo de transição. Ao garantir que a equipe esteja bem equipada para enfrentar as mudanças, a resistência tende a ser menor e a adaptação, mais rápida.

Empatia também desempenha um papel crucial. Entender como cada membro da equipe pode ser impactado pela mudança e oferecer suporte emocional ao longo do processo é essencial. Nem todos reagem às mudanças da mesma maneira, e é responsabilidade dos gestores perceber os sinais de dificuldade e oferecer ajuda de maneira personalizada.

28.2 COMO LIDERAR DURANTE TRANSFORMAÇÕES ORGANIZACIONAIS

O papel de um líder durante processos de mudança é decisivo para o sucesso da transformação. Líderes eficazes não são apenas comunicadores, mas também exemplos a serem seguidos e inspiradores para suas equipes. Liderar durante mudanças exige habilidades especiais, principalmente no que se refere à gestão de emoções e ao estímulo da confiança.

LIDERANÇA EM ASCENSÃO

Um líder deve exemplificar a mudança que deseja ver. Se os colaboradores perceberem que o líder está genuinamente comprometido e confiante no processo, eles tendem a seguir o mesmo caminho. Portanto, demonstrar atitude positiva e estar disposto a aprender e se adaptar é essencial para incentivar a equipe a fazer o mesmo.

A visão clara também é uma ferramenta poderosa na liderança durante mudanças. Os colaboradores precisam entender qual é o objetivo final e quais benefícios serão alcançados com as mudanças. Quando a visão está clara, as pessoas são capazes de ver um propósito maior, o que facilita a aceitação e a dedicação ao processo de transformação. Definir metas de curto prazo pode ajudar a mostrar o progresso, e cada conquista deve ser celebrada como um passo rumo ao sucesso.

A comunicação contínua é outro ponto fundamental. Não basta comunicar uma única vez sobre a mudança; os colaboradores precisam de atualizações constantes. Assegurar que todos saibam o que está acontecendo e quais são os próximos passos cria um ambiente de confiança. Quando as pessoas são mantidas no escuro, surgem rumores e desconfiança, o que pode minar todo o processo de mudança.

Além disso, a capacidade de ouvir a equipe durante as transformações é vital. Um líder eficaz deve ser acessível e ouvir preocupações, sugestões e até críticas. Isso mostra que os colaboradores são valorizados e que suas opiniões importam. A mudança não deve ser algo imposto de cima para baixo, mas algo construído em conjunto, com a colaboração de todos os níveis da organização.

28.3 SUPERANDO RESISTÊNCIAS À MUDANÇA

A resistência à mudança é um dos maiores obstáculos para o sucesso de qualquer transformação organizacional. Isso ocorre porque, para muitas pessoas, a mudança está associada à incerteza, ao medo do desconhecido e à possibilidade de sair da zona de conforto. Para superar essa resistência, é necessário um trabalho contínuo de conscientização e suporte.

Um dos passos para superar a resistência é entender as causas subjacentes. Nem toda resistência é igual, e cada colaborador pode ter uma razão diferente para não aceitar a mudança. Pode ser medo de perder o emprego, insegurança sobre novas tecnologias ou apenas o desconforto com o desconhecido. Identificar essas causas e tratá-las de maneira individualizada é fundamental.

Oferecer oportunidades de diálogo também é essencial. Quando os colaboradores têm espaço para expressar suas preocupações e sentimentos, a resistência tende a diminuir. Eles precisam ser ouvidos e sentir que suas opiniões são levadas em consideração. Promover encontros e conversas abertas permite que as pessoas se sintam mais à vontade para participar do processo de mudança.

Outro aspecto importante é destacar os benefícios da mudança de forma personalizada. Muitas vezes, os colaboradores não veem como as mudanças os impactarão positivamente. Mostrar como a mudança pode beneficiar cada um, seja em termos de crescimento profissional, melhores condições de trabalho ou novas oportunidades, pode ajudar a reduzir a resistência. Quando os benefícios são claros, o medo tende a diminuir.

Por fim, reconhecer e premiar a adesão à mudança é uma maneira eficaz de superar a resistência. A mudança é um processo que demanda esforço, e reconhecer os colaboradores que estão se adaptando bem ao novo cenário serve como incentivo para os demais. Celebrar pequenas vitórias ao longo do caminho ajuda a mostrar que o esforço vale a pena e que todos estão avançando juntos.

28.4 USANDO A MUDANÇA PARA IMPULSIONAR O CRESCIMENTO

Mudança e crescimento estão intimamente ligados. Organizações que resistem à mudança tendem a estagnar, enquanto aquelas que a abraçam encontram novas oportunidades de expansão e melhoria. No entanto, usar a mudança como uma ferramenta para impulsionar o crescimento requer uma mentalidade proativa e estratégica.

Para utilizar a mudança como um catalisador do crescimento, é necessário adotar uma postura de aprendizado contínuo. A mudança é uma oportunidade de adquirir novos conhecimentos, desenvolver novas habilidades e descobrir maneiras mais eficientes de trabalhar. Portanto, a organização deve valorizar e investir em capacitação

LIDERANÇA EM ASCENSÃO

durante os períodos de transformação. Quando os colaboradores percebem que a mudança está associada ao seu desenvolvimento pessoal e profissional, eles passam a vê-la de forma mais positiva.

Outra forma de usar a mudança para o crescimento é por meio da inovação. Transformações organizacionais abrem espaço para novas ideias e formas diferentes de abordar problemas antigos. Incentivar a equipe a pensar de forma inovadora durante os processos de mudança pode levar ao surgimento de soluções criativas que impulsionem a organização para novos patamares de sucesso.

Flexibilidade é um elemento-chave para aproveitar as mudanças de maneira eficaz. Organizações que mantêm processos rígidos e estruturas engessadas têm mais dificuldades em crescer em um ambiente em constante transformação. Manter uma cultura de flexibilidade, em que os processos podem ser ajustados conforme as necessidades mudam, permite que a organização cresça de forma orgânica e sustentável. Isso implica em não apenas reagir às mudanças externas, mas antecipá-las e se preparar pro ativamente para os desafios que estão por vir.

Por fim, a mudança é uma oportunidade de reforçar a cultura organizacional. Durante períodos de transformação, valores como colaboração, transparência e inovação podem ser reafirmados e integrados de forma mais profunda no dia a dia da empresa. Esse reforço cultural contribui para o engajamento dos colaboradores e a construção de uma organização mais sólida e preparada para crescer de forma sustentável.

A gestão de mudanças é uma habilidade essencial para o sucesso das organizações no mundo atual. Preparar a equipe, liderar com clareza e confiança, superar resistências e usar a mudança como uma ferramenta de crescimento são passos fundamentais para garantir que as transformações sejam bem-sucedidas

O papel dos líderes é fundamental nesse processo, não apenas como comunicadores e exemplos, mas como facilitadores que envolvem toda a equipe e garantem que cada colaborador se sinta parte da jornada de transformação. Quando bem geridas, as mudanças se tornam oportunidades para aprendizado, inovação e crescimento, não apenas para a organização, mas para cada um dos indivíduos que a compõem.

Encarar a mudança como algo inevitável e necessário, e não como uma ameaça, permite que a organização se adapte às novas demandas do mercado, encontre novas formas de se destacar e se torne mais resiliente diante dos desafios. Afinal, a mudança não é o fim, mas o começo de novas possibilidades.

HISTÓRIA REAL

Em 2015, a Nokia estava enfrentando um grande desafio. A empresa, que já foi líder no mercado de celulares, havia perdido terreno para novos concorrentes como Apple e Samsung. A liderança sabia que a empresa precisava passar por uma mudança significativa se quisesse sobreviver no mercado de tecnologia em constante evolução. Foi nesse contexto que Rajeev Suri, CEO na época, liderou uma transformação organizacional que focava em abandonar o segmento de celulares e se concentrar na infraestrutura de telecomunicações e nas novas tecnologias de redes.

Para preparar a equipe para a mudança, Suri adotou uma abordagem transparente e comunicativa. Ele anunciou publicamente a nova direção estratégica e fez questão de explicar para todos os colaboradores a necessidade da mudança. Rajeev enfatizou que a empresa precisava se adaptar às transformações do mercado de tecnologia, e que a transição para uma empresa focada em infraestrutura de rede era o caminho para garantir o futuro da Nokia.

Durante o processo de transformação, ele liderou durante as mudanças ao se envolver ativamente com todos os níveis da organização. Rajeev manteve uma comunicação constante, por meio de reuniões e eventos, nos quais respondia perguntas e ouvia as preocupações dos colaboradores. Isso ajudou a reduzir o nível de incerteza e motivou as equipes a se adaptarem às novas realidades da empresa.

No entanto, a Nokia enfrentou resistências à mudança, principalmente entre os colaboradores que estavam há muitos anos na empresa e tinham uma forte conexão emocional com os produtos de celulares, que antes eram a identidade da marca. Para superar essa resistência, Suri criou um ambiente seguro para que as pessoas expressassem seus medos e preocupações. Além disso, ele ofereceu suporte e treinamento para que os colaboradores pudessem se adaptar às novas funções, reassumindo cargos e responsabilidades em áreas estratégicas para o novo foco da empresa.

O processo de transformação acabou se mostrando bem-sucedido, e a Nokia se reposicionou como uma das principais empresas de infraestrutura de telecomunicações do mundo, participando da implementação de redes 5G. Essa mudança não só salvou a Nokia da falência, mas também impulsionou seu crescimento em um mercado que prometia grandes oportunidades para o futuro.

INSIGHT PRÁTICO

A história da Nokia mostra que, para que uma mudança seja bem-sucedida, é essencial que a liderança seja transparente e esteja comprometida com o processo. Um *insight* prático para implementar mudanças organizacionais é garantir comunicação constante e empática durante todo o processo. Explique o motivo da mudança, envolva os colaboradores e ofereça suporte para que eles se adaptem. A resistência será inevitável, mas ao abordar as preocupações dos colaboradores de forma aberta e ao reforçar a visão e os benefícios, a organização pode transformar uma crise em uma oportunidade de crescimento.

CAPÍTULO
29
O PAPEL DA CONFIANÇA NA LIDERANÇA

29.1 CONSTRUINDO CONFIANÇA COM SUA EQUIPE

A confiança é a pedra angular da liderança eficaz. Sem ela, qualquer relacionamento — seja profissional ou pessoal — é frágil e difícil de sustentar. Em um ambiente de trabalho, a confiança é o que permite que uma equipe funcione de maneira coesa, superando desafios e obtendo resultados consistentes. A construção da confiança é um processo contínuo, que exige integridade, transparência e, acima de tudo, compromisso. Neste capítulo, exploraremos como construir confiança com a equipe, a importância da transparência, como mantê-la durante crises e como recuperá-la quando se perde.

Construir confiança com a equipe é uma das tarefas mais importantes para um líder. Uma equipe que confia no seu líder tende a ser mais engajada, mais disposta a colaborar e mais aberta a inovações. Contudo, a confiança não surge do nada — é algo que deve ser cultivado e nutrido, por meio de ações consistentes e de uma postura genuína.

O primeiro passo para construir confiança é ser consistente. A consistência não se refere apenas a cumprir as promessas feitas, mas também a manter um comportamento previsível e coerente. Colaboradores precisam saber que o líder é confiável e que suas ações são alinhadas com suas palavras. Por exemplo, se um líder valoriza a pontualidade e o respeito aos prazos, ele deve também demonstrar esse comportamento. Quando existe uma desconexão entre discurso e prática, a confiança é rapidamente corroída.

Comunicação aberta e ouvir ativamente são outros pilares para construir confiança. Líderes que ouvem seus colaboradores, que prestam atenção em suas preocupações e que valorizam suas opiniões mostram que se importam e que estão dispostos a aprender. Isso cria um ambiente seguro onde as pessoas se sentem confortáveis para se expressar, sabendo que serão respeitadas e ouvidas.

Além disso, a empatia desempenha um papel fundamental. Mostrar empatia significa reconhecer e valorizar as experiências, emoções e necessidades da equipe. Quando um líder entende as dificuldades e se esforça para ajudar, ele constrói uma conexão mais profunda com os colaboradores. Empatia também ajuda a construir confiança ao tornar os relacionamentos menos formais e mais humanos, fazendo com que as pessoas se sintam parte de uma comunidade.

A delegação de responsabilidades é mais uma estratégia importante. Ao delegar tarefas importantes e dar autonomia aos colaboradores, o líder transmite confiança, mostrando que acredita na capacidade da equipe. Esse ato de confiança não apenas fortalece o relacionamento, mas também incentiva a pro atividade e o crescimento profissional dos colaboradores.

29.2 O IMPACTO DA TRANSPARÊNCIA NA CONFIANÇA

A transparência é um dos elementos-chave na construção e na manutenção da confiança dentro de uma equipe. A falta de informações ou a percepção de que algo está sendo escondido é uma das principais causas de desconfiança no ambiente de trabalho. Por isso, ser transparente com os colaboradores — especialmente em momentos de mudanças ou desafios — é crucial para fortalecer a relação entre líderes e equipe.

Transparência começa com comunicação aberta e honesta. Compartilhar informações sobre a direção da empresa, desafios que estão sendo enfrentados e decisões que estão sendo tomadas ajuda a evitar o surgimento de rumores e a sensação de incerteza. A equipe precisa sentir que está ciente do que está acontecendo e que não há nada escondido. Isso não significa que o líder deve compartilhar todos os detalhes, mas sim que deve ser honesto sobre o que pode e não pode ser divulgado.

Quando as empresas enfrentam situações difíceis, como cortes de pessoal ou mudanças estruturais, a falta de transparência pode gerar um clima de medo e desconfiança, prejudicando a moral e a produtividade. Em contrapartida, um líder que comunica as razões por trás das decisões difíceis e que responde às perguntas da equipe de forma direta ajuda a mitigar os impactos negativos e a manter a confiança, mesmo em momentos desafiadores.

Admitir erros também faz parte da transparência. Quando um líder admite um erro, ele demonstra humildade e responsabilidade. Essa atitude mostra à equipe que o erro faz parte do aprendizado e que o líder é alguém em quem podem confiar, pois ele é verdadeiro e não tenta encobrir suas falhas. Essa postura encoraja os colaboradores a também serem transparentes e a não temerem as consequências de errar, o que, por sua vez, cria um ambiente mais seguro e inovador.

29.3 MANTENDO A CONFIANÇA EM SITUAÇÕES DE CRISE

Em situações de crise, manter a confiança da equipe se torna um desafio ainda maior. A crise, por sua natureza, traz incerteza, medo e pressão. Nesses momentos, o papel do líder é fundamental para assegurar que a equipe se mantenha coesa e motivada, mesmo diante de dificuldades.

O primeiro passo é comunicar com clareza e frequência. Durante uma crise, os colaboradores precisam de orientação, precisam saber o que está acontecendo e como serão impactados. A falta de comunicação cria um vácuo que é rapidamente preenchido por boatos e suposições, o que agrava o problema. Portanto, um líder deve estar presente, ser acessível e manter os colaboradores atualizados sobre os desdobramentos da situação.

Além disso, um bom líder deve ser capaz de manter a calma. Quando a equipe percebe que o líder está em pânico ou desorientado, a sensação de insegurança aumenta, e a confiança é abalada. Demonstrar calma e confiança no futuro, mesmo diante de um cenário difícil, ajuda a tranquilizar a equipe e a garantir que todos permaneçam focados nas soluções, em vez de se preocuparem com o problema.

Outro ponto importante é reconhecer os esforços da equipe durante a crise. Em momentos difíceis, as pessoas podem precisar fazer sacrifícios, como trabalhar mais horas ou adaptar suas funções. Reconhecer e valorizar esses esforços, tanto publicamente quanto individualmente, ajuda a reforçar a confiança. O reconhecimento mostra que o líder está atento e valoriza o empenho da equipe, o que contribui para manter a motivação.

29.4 COMO RECUPERAR A CONFIANÇA QUANDO PERDIDA

A confiança, quando perdida, pode ser extremamente difícil de recuperar, mas não é impossível. A primeira etapa é reconhecer e aceitar o problema. Quando a confiança é quebrada, tentar ignorar o ocorrido ou fingir que nada aconteceu só piora a situação. É fundamental que o líder reconheça abertamente o que deu errado e as razões para tal. Uma atitude defensiva apenas confirma as suspeitas dos colaboradores de que o líder não é confiável.

Uma vez que o problema tenha sido reconhecido, o próximo passo é pedir desculpas genuínas. Um pedido de desculpas sincero, sem justificativas ou desculpas, mostra responsabilidade. Não se trata apenas de reconhecer um erro, mas de mostrar arrependimento e disposição para melhorar. As desculpas devem ser acompanhadas de um compromisso claro de agir de forma diferente no futuro.

Corrigir o erro e tomar medidas corretivas também são essenciais para a recuperação da confiança. Palavras, por si só, não são suficientes. Os colaboradores precisam ver ações concretas que mostrem que o erro não voltará a ocorrer e que o líder está disposto a fazer o que for necessário para reparar o dano. Isso pode incluir mudanças em processos, implementação de novas políticas ou a reavaliação da maneira como certas decisões são tomadas.

O processo de reconstrução da confiança leva tempo e requer consistência. O líder precisa demonstrar, repetidamente, que é confiável e que as ações prometidas estão sendo cumpridas. Pequenos gestos, como ser pontual em reuniões, manter promessas e continuar mostrando empatia e respeito pelo trabalho da equipe, ajudam a reconstruir lentamente a confiança perdida. A equipe precisa sentir que o comportamento do líder mudou de fato, e isso só pode ser comprovado mediante a consistência ao longo do tempo.

A confiança é um dos elementos mais importantes para a liderança eficaz. Ela é construída por meio da consistência, da comunicação aberta e da empatia. Ser transparente e manter a confiança durante situações de crise são responsabilidades cruciais para os líderes que buscam construir equipes engajadas e resilientes.

Além disso, a confiança é algo frágil, que pode ser perdida rapidamente. Quando isso acontece, o processo de recuperação é longo, mas possível. Exige responsabilidade, transparência e ações concretas que demonstrem o compromisso do líder em mudar e melhorar.

Uma equipe que confia em seu líder está disposta a enfrentar desafios, a colaborar e a inovar. Por outro lado, sem confiança, a comunicação é quebrada, a motivação cai, e os resultados são prejudicados. Portanto, a construção e manutenção da confiança devem ser prioridades para qualquer líder que almeja alcançar o sucesso sustentável, não só para si, mas para toda a organização. Afinal, a confiança é a ponte que conecta o líder aos seus liderados e permite que ambos caminhem juntos rumo ao sucesso.

HISTÓRIA REAL

Uma história notável sobre o papel da confiança na liderança envolve a CEO da General Motors, Mary Barra. Em 2014, logo após assumir o cargo, Mary enfrentou uma das maiores crises da empresa: foi descoberto que a GM havia vendido veículos com um defeito no interruptor de ignição que poderia desligar o motor inesperadamente, levando a acidentes graves e até a mortes. Esse problema era conhecido por alguns funcionários da empresa, mas as informações não haviam chegado ao alto escalão.

Em meio a essa crise, a confiança da GM entre consumidores, funcionários e reguladores estava em risco. Mary Barra sabia que para superar a situação e restaurar a credibilidade da empresa, precisaria agir rapidamente e com transparência. Para começar, ela admitiu publicamente os erros da empresa, reconhecendo o problema sem tentar minimizar os impactos. Barra foi extremamente transparente nas comunicações internas e externas, compartilhando o que havia acontecido, as falhas no processo, e se comprometendo a tomar as medidas necessárias para corrigir os erros.

Ela também implementou mudanças estruturais significativas, reformando a cultura da GM para garantir que a segurança do cliente fosse a prioridade máxima. Barra incentivou um ambiente em que os funcionários se sentissem confortáveis para falar abertamente sobre problemas e preocupações, criando canais formais para que isso fosse possível. Além disso, a GM assumiu total responsabilidade, oferecendo compensação financeira às famílias das vítimas e se comprometendo a corrigir todos os veículos afetados.

Mary Barra passou muito tempo se conectando diretamente com os colaboradores, respondendo às suas preocupações e mantendo uma comunicação consistente durante toda a crise. Ela se mostrou acessível e aberta, o que ajudou a reconstruir a confiança tanto dos funcionários quanto do público em geral. Essas ações não só ajudaram a GM a superar a crise, mas também estabeleceram Barra como uma líder comprometida com a integridade e a responsabilidade.

INSIGHT PRÁTICO

A história de Mary Barra e da General Motors ilustra a importância de admitir erros e agir com transparência para reconstruir a confiança. Um *insight* prático para qualquer líder em uma situação de perda de confiança é ser absolutamente transparente e responsável. Reconheça o problema publicamente, comunique com frequência e faça ajustes concretos para corrigir as falhas. As ações devem sempre acompanhar as palavras, pois somente por meio da consistência e da responsabilidade é possível recuperar a confiança, especialmente em situações de crise. Mostrar que o erro serve como uma oportunidade de aprendizado e melhoria também pode reforçar a confiança dos liderados e parceiros no futuro da organização.

CAPÍTULO
30
O LEGADO DA LIDERANÇA

30.1 CRIANDO UM LEGADO

A liderança não se limita ao tempo em que um líder está ativo em uma posição formal. O impacto duradouro de um líder é, muitas vezes, sentido por anos e até décadas após sua partida. Esse impacto é chamado de legado. Criar um legado é mais do que alcançar metas de curto prazo ou ser reconhecido durante sua atuação; trata-se de deixar uma marca positiva e transformadora na organização e nas pessoas. O legado da liderança está relacionado com as mudanças profundas e sustentáveis que um líder consegue implementar e com a forma como essas mudanças influenciam o futuro da empresa e da equipe.

Criar um legado como líder é um processo intencional, que requer uma combinação de visão, valores e ações duradouras. Não se trata apenas de como um líder é percebido durante sua gestão, mas de como suas ideias, atitudes e princípios são lembrados e continuados pelas gerações seguintes. A criação de um legado está diretamente relacionada com o desenvolvimento das pessoas e da cultura organizacional, deixando um impacto profundo que pode transformar o futuro de uma organização. Neste contexto, discutiremos algumas estratégias fundamentais para construir um legado significativo.

30.2 DEFININDO SUA VISÃO DE FUTURO

Para começar a criar um legado, um líder precisa ter uma visão clara de futuro. A visão é o ponto de partida, o guia que direciona todas as ações. Essa visão não deve ser sobre metas pontuais, como aumentar lucros ou conquistar um mercado específico, mas sim sobre como o líder deseja moldar o futuro da organização e das pessoas ao redor. A visão de um líder deve ser inspiradora e ir além dos interesses pessoais, buscando um impacto positivo que transcenda seu próprio período de atuação.

Por exemplo, pense em líderes como Mahatma Gandhi ou Martin Luther King Jr., que tinham uma visão clara de um futuro melhor para suas comunidades e nações. No contexto corporativo, podemos citar líderes como Steve Jobs, que tinha a visão de transformar a maneira como as pessoas interagiam com a tecnologia. Essas visões ajudaram a construir legados que continuam a inspirar e influenciar pessoas muito depois de suas partidas.

A visão de um líder deve ser compartilhada e comunicada de forma eficaz. Se apenas o líder compreende essa visão, dificilmente ela se tornará uma realidade. É importante que a equipe e a organização se sintam parte desse sonho, acreditando e se esforçando para realizá-lo. Para isso, o líder deve comunicar essa visão de maneira clara, mostrando o porquê e o impacto positivo de suas ideias, e convidando todos a participar dessa construção.

30.3 DESENVOLVIMENTO DE PESSOAS E CULTIVO DE NOVOS LÍDERES

Parte essencial do legado de qualquer líder é o desenvolvimento de pessoas. Grandes líderes não são medidos apenas por seus resultados individuais, mas por quantas pessoas conseguiram inspirar, apoiar e capacitar durante suas jornadas. Quando um líder investe no desenvolvimento de sua equipe, ele está deixando um legado que se perpetua mediante o crescimento e a realização dos colaboradores. Isso não apenas melhora a capacidade da organização de enfrentar novos desafios, mas também garante que futuros líderes possam emergir e dar continuidade aos valores e práticas da empresa.

O desenvolvimento de pessoas começa com a confiança e a delegação de responsabilidades. Um líder que deseja deixar um legado deve estar disposto a compartilhar conhecimento e proporcionar oportunidades para que os membros da equipe cresçam e desenvolvam suas habilidades. Isso envolve dar autonomia, permitir que erros sejam cometidos e aprender com esses erros, sempre oferecendo o suporte necessário. Dessa forma, o líder não só capacita a equipe, mas também cria uma cultura de confiança e aprendizado contínuo.

Mentoria é uma ferramenta poderosa nesse processo. Quando o líder se compromete a ser um mentor, ele não apenas transmite conhecimento, mas também se torna um exemplo, alguém que os outros podem olhar como uma referência. Isso cria um impacto de longo prazo, à medida que aqueles que foram mentoreados podem passar o conhecimento adiante, criando um ciclo de crescimento contínuo.

30.4 ESTABELECENDO VALORES DURADOUROS

Os valores de um líder são o que realmente define seu legado. Esses valores refletem a ética, o comportamento e as decisões do líder. Quando um líder é coerente em relação aos valores que defende, ele deixa uma marca na cultura da organização e nas atitudes dos colaboradores. Valores como integridade, respeito, empatia e inovação ajudam a criar uma cultura organizacional que se mantém forte mesmo depois que o líder se vai.

Para deixar um legado baseado em valores duradouros, é essencial viver esses valores no dia a dia. Por exemplo, um líder que defende a integridade deve ser transparente e justo em todas as suas ações. Um líder que valoriza a inovação deve incentivar e apoiar novas ideias, mesmo que isso envolva riscos. Quando os valores são vividos e não apenas falados, eles se tornam parte da identidade da organização e guiam o comportamento de todos os membros.

O líder também deve ter compromisso com a cultura da organização. Criar uma cultura baseada em valores sólidos é fundamental para que o legado persista. Isso significa fomentar um ambiente em que esses valores sejam reforçados em cada ação — desde o processo de contratação até o reconhecimento de colaboradores que os incorporam. Uma cultura organizacional bem fundamentada em valores ajuda a garantir que as mudanças implementadas pelo líder não se percam com o tempo.

30. 5 PROMOVENDO MUDANÇAS SUSTENTÁVEIS

Outro aspecto importante de criar um legado é promover mudanças sustentáveis. Muitas vezes, os líderes se concentram em mudanças rápidas que trazem resultados de curto prazo, mas um verdadeiro legado é construído sobre transformações que trazem benefícios duradouros. Para isso, o líder precisa ter uma visão a longo prazo e estar disposto a enfrentar os desafios que envolvem a implementação de mudanças profundas.

Promover mudanças sustentáveis envolve focar na inovação e na adaptabilidade. O líder deve estar disposto a desafiar o *status quo*, a identificar processos que precisam ser melhorados e a implementar novas práticas que possam beneficiar a organização a longo prazo. No entanto, essas mudanças precisam ser bem planejadas e comunicadas, garantindo que sejam compreendidas e aceitas pela equipe. Uma mudança sustentável só acontece quando todos estão comprometidos e quando o impacto positivo é claramente percebido.

Colaboração é outro pilar das mudanças sustentáveis. Um legado não se constrói sozinho — é preciso envolver a equipe e criar um ambiente de cooperação, onde todos possam contribuir com ideias e esforços. Um líder que promove a colaboração está criando um espírito de comunidade que persiste muito além de sua liderança, gerando um impacto duradouro na forma como a organização funciona.

30.6 INSPIRANDO PELO EXEMPLO

"Faça o que eu digo, não o que eu faço" nunca funcionará para quem deseja deixar um legado. Líderes que inspiram pelo exemplo são aqueles que mais influenciam positivamente as pessoas ao seu redor. A coerência entre o discurso e a prática é um dos elementos mais importantes para construir uma reputação duradoura e para garantir que os valores e práticas implantados durante a liderança permaneçam vivos.

A liderança pelo exemplo não diz respeito apenas a grandes gestos, mas também aos pequenos atos diários. Tratar todos com respeito, demonstrar humildade ao reconhecer erros, e ser acessível são características que inspiram confiança e admiração. Quando um líder age de forma consistente com seus princípios, os colaboradores não só são inspirados a agir da mesma maneira, mas também perpetuam esses comportamentos como parte da cultura da organização.

Criar um legado de liderança é um dos objetivos mais profundos e significativos que um líder pode ter. Trata-se de um compromisso com algo maior do que conquistas individuais e efêmeras. Construir um legado envolve definir uma visão clara de futuro, investir no desenvolvimento das pessoas, viver valores duradouros e promover mudanças sustentáveis.

Um legado é construído não apenas pela realização de grandes feitos, mas principalmente pela maneira como o líder faz as pessoas se sentirem, como inspira a equipe a se desenvolver e como cria uma cultura que reflete seus valores. O legado de liderança não é uma obra que termina quando o líder deixa a organização; é uma semente que continua crescendo, que continua dando frutos ao longo do tempo.

Os grandes líderes são lembrados não apenas por suas habilidades, mas pela influência positiva que tiveram sobre aqueles ao seu redor e pelo impacto duradouro que deixaram na cultura e no desempenho da organização. Eles são aqueles que, mesmo após terem partido, continuam a inspirar, a guiar e a transformar. Criar um legado é, portanto, o maior presente que um líder pode dar à sua organização e às pessoas com quem trabalhou.

HISTÓRIA REAL

Uma história inspiradora de legado na liderança envolve Indra Nooyi, ex-CEO da PepsiCo. Indra liderou a PepsiCo por mais de uma década, e sua visão era transformar a empresa de um fabricante de bebidas açucaradas e *junk food* para uma organização mais consciente de sua responsabilidade social e da saúde de seus consumidores. Nooyi introduziu o conceito de *"Performance with Purpose"* (Desempenho com Propósito), que incorporava a ideia de que a empresa poderia ser bem-sucedida enquanto fazia bem ao mundo.

Durante sua liderança, ela investiu em pesquisa e desenvolvimento para criar produtos mais saudáveis, como snacks com menos sódio e bebidas com menor teor de açúcar. Ao mesmo tempo, ela fortaleceu a sustentabilidade ambiental, focando em embalagens mais sustentáveis e na eficiência do uso de recursos naturais, como água e energia. Indra também se concentrou no desenvolvimento de uma cultura organizacional inclusiva, promovendo a diversidade em cargos de liderança.

Nooyi estava sempre presente, comunicando sua visão, sendo um exemplo vivo dos valores que pregava e oferecendo oportunidades para que todos dentro da organização contribuíssem para o propósito maior. Ela encorajava a inovação, apoiava iniciativas que visavam beneficiar tanto os consumidores quanto o meio ambiente, e trabalhava diretamente no desenvolvimento de futuros líderes.

Ao deixar o cargo de CEO, Indra Nooyi não apenas entregou uma empresa financeiramente saudável, mas também uma organização com um forte propósito, uma cultura que valoriza o impacto social e uma equipe mais preparada para enfrentar os desafios do futuro. Seu legado continua presente na estratégia da PepsiCo, que até hoje foca na inovação sustentável e na responsabilidade social.

INSIGHT PRÁTICO

A história de Indra Nooyi nos ensina que criar um legado de liderança começa com uma visão que vai além dos resultados financeiros. Um *insight* prático é definir um propósito maior que inspire toda a organização — algo que contribua positivamente para as pessoas e para o mundo. O líder deve ser consistente em suas ações, viver os valores que deseja deixar como legado, e investir no desenvolvimento de pessoas e na cultura da empresa para que esse propósito se perpetue. Liderar com foco em um propósito cria um impacto que vai além do seu tempo na organização, moldando o futuro de maneira positiva e duradoura.

LÍDER
QUAL É SEU PAPEL NA REDUÇÃO DO *TURNOVER*

O PAPEL DA LIDERANÇA NA DIMINUIÇÃO DO *TURNOVER*

A retenção de talentos é uma das maiores preocupações das empresas modernas, sendo o *turnover*, ou a rotatividade de colaboradores, um dos principais desafios enfrentados por organizações de todos os setores. A saída constante de funcionários não só implica em custos financeiros elevados, como também gera impactos negativos na moral dos colaboradores remanescentes, na cultura organizacional e na produtividade da equipe. Estudos indicam que o papel da liderança é fundamental para reduzir o *turnover*, influenciando diretamente o engajamento, a satisfação no trabalho e o desenvolvimento profissional dos funcionários. A partir dessa perspectiva, este texto se propõe a explorar como a liderança eficaz pode ser a chave para a diminuição da rotatividade de pessoal, promovendo um ambiente de trabalho saudável, estimulante e alinhado com as expectativas dos colaboradores.

A NATUREZA DO *TURNOVER*

Para compreender o papel da liderança na diminuição do *turnover*, é importante, primeiro, compreender as causas que levam à alta rotatividade nas organizações. Existem diversos fatores que podem influenciar a decisão de um colaborador de deixar a empresa, como falta de reconhecimento, oportunidades limitadas de crescimento, baixa remuneração, má comunicação e, claro, a qualidade da liderança. O *turnover* pode ser classificado em dois tipos principais: o voluntário, quando o colaborador opta por sair por conta própria, e o involuntário, quando a empresa toma a decisão de dispensar o funcionário.

Em ambos os casos, a liderança desempenha um papel essencial. No caso do *turnover* voluntário, o colaborador muitas vezes decide deixar a empresa devido à falta de motivação, desafios profissionais ou insatisfação com o estilo de gestão. Quando a liderança não oferece apoio, clareza de expectativas ou um ambiente de desenvolvimento, os funcionários se tornam mais propensos a procurar outras oportunidades. Já no caso do *turnover* involuntário, uma liderança ineficaz pode ter contribuído para a baixa performance do colaborador, seja por não fornecer *feedbacks* regulares, não identificar e desenvolver talentos, ou até mesmo por não alinhar as expectativas desde o início da jornada do colaborador.

O EFEITO DO *TURNOVER* NAS ORGANIZAÇÕES

O *turnover* acarreta uma série de custos e prejuízos que vão além do financeiro. Para cada colaborador que deixa a organização, há um custo associado ao recrutamento, à seleção e ao treinamento de novos funcionários. Além disso, há a perda de conhecimento institucional e de habilidades específicas, que podem levar meses, ou até anos, para serem adquiridas novamente. O impacto na moral dos funcionários remanescentes também é significativo, uma vez que a saída de colegas pode gerar um ambiente de incerteza e desmotivação. A cultura organizacional, por sua vez, sofre ao ser constantemente interrompida pela falta de continuidade nas equipes e pelos novos ajustes que precisam ser feitos com cada substituição.

Um estudo da Gallup revelou que cerca de 50% dos funcionários que deixam seus empregos voluntariamente apontam a insatisfação com seus gerentes como a principal razão para sua saída. Isso indica que o comportamento da liderança, suas práticas de gestão e a maneira como interage com a equipe têm um impacto direto na decisão dos colaboradores de permanecer ou sair da organização. Portanto, reduzir o *turnover* exige uma abordagem proativa por parte da liderança, baseada em escuta ativa, valorização dos talentos e um foco contínuo no desenvolvimento do capital humano.

A LIDERANÇA EFICAZ COMO FATOR DE RETENÇÃO

A liderança eficaz vai muito além de apenas gerenciar tarefas e prazos. Ela envolve a capacidade de inspirar, motivar e desenvolver os colaboradores, criando um ambiente no qual as pessoas se sintam valorizadas e incentivadas a dar o seu melhor. Líderes que se preocupam genuinamente com o bem-estar e o desenvolvimento de suas equipes são mais capazes de reter talentos, pois criam um espaço de trabalho que promove o engajamento, a satisfação e o crescimento profissional.

Uma das características mais importantes de um líder que contribui para a retenção de colaboradores é a capacidade de oferecer *feedback* contínuo e construtivo. Quando os funcionários recebem orientações claras e reconhecimentos regulares por seu bom desempenho, eles têm uma melhor compreensão de suas contribuições para a empresa e de como podem continuar evoluindo. Isso, por sua vez, fortalece o senso de pertencimento e reduz a probabilidade de que o colaborador busque outras oportunidades fora da organização. O *feedback* não deve se limitar a avaliações formais anuais, mas ser uma prática contínua, proporcionando orientação e reforço positivo sempre que necessário.

Além disso, líderes eficazes sabem como alinhavar os objetivos pessoais dos colaboradores com os objetivos organizacionais. Muitas vezes, o *turnover* ocorre quando os funcionários não veem um caminho claro de crescimento dentro da empresa ou quando sentem que seus objetivos pessoais estão em desacordo com as demandas do trabalho. Nesse sentido, é papel da liderança identificar as aspirações de cada colaborador e trabalhar em conjunto para alinhar esses objetivos com as oportunidades que a empresa pode oferecer. Isso não só motiva os colaboradores, como também cria uma sensação de progressão e realização contínua.

A IMPORTÂNCIA DO CLIMA ORGANIZACIONAL

Outro fator crucial no papel da liderança na redução do *turnover* é o impacto que ela tem sobre o clima organizacional. O clima organizacional refere-se à percepção dos colaboradores sobre o ambiente de trabalho, incluindo fatores como a colaboração entre colegas, a comunicação interna e o apoio recebido dos gestores. Uma liderança eficaz é capaz de cultivar um clima organizacional positivo, no qual os funcionários se sentem seguros para expressar suas ideias, colaborar e inovar.

Quando os colaboradores percebem que seus líderes são acessíveis, transparentes e dispostos a ouvir suas preocupações, a confiança aumenta. Essa confiança gera um ambiente de trabalho mais aberto e colaborativo, onde as pessoas se sentem parte de uma equipe maior e não apenas como indivíduos cumprindo tarefas isoladas. A cultura de confiança é fundamental para reduzir o *turnover*, pois funcionários que se sentem ouvidos e valorizados são menos propensos a buscar outras oportunidades fora da empresa.

LIDERANÇA TRANSFORMACIONAL E A REDUÇÃO DO *TURNOVER*

Entre os diversos estilos de liderança, o estilo de liderança transformacional tem se mostrado especialmente eficaz na retenção de talentos e na redução do *turnover*. Esse estilo de liderança se concentra em inspirar e motivar os colaboradores a atingir seu pleno potencial, muitas vezes incentivando-os a ir além das metas e expectativas estabelecidas. Líderes transformacionais agem como mentores, criando uma visão clara e atraente para o futuro, o que ajuda os funcionários a enxergarem um propósito maior em seu trabalho.

Além disso, líderes transformacionais tendem a fomentar um ambiente de inovação e aprendizado contínuo, no qual os colaboradores sentem que estão sempre desenvolvendo novas habilidades e conhecimentos. Esse crescimento contínuo é um fator importante na retenção de talentos, pois os funcionários têm uma maior sensação de progresso e satisfação pessoal. Em contraste, ambientes de trabalho estagnados, com poucas oportunidades de desenvolvimento, frequentemente levam ao aumento do *turnover*, pois os funcionários buscam novas experiências que os desafiem e os desenvolvam.

Outro aspecto fundamental da liderança transformacional é o foco em relacionamentos interpessoais. Esses líderes dedicam tempo para construir relacionamentos genuínos com seus colaboradores, compreendendo suas motivações, aspirações e desafios. Quando os funcionários sentem que seus líderes se importam verdadeiramente com eles, eles são mais propensos a permanecer na empresa, mesmo diante de desafios ou dificuldades. Esse relacionamento baseado em confiança e respeito mútuo é uma das pedras angulares da retenção de talentos.

DESAFIOS E OPORTUNIDADES NA IMPLEMENTAÇÃO DE PRÁTICAS DE LIDERANÇA EFICAZES

Embora o papel da liderança seja claro na diminuição do *turnover*, é importante reconhecer que implementar práticas de liderança eficazes pode ser desafiador. Em muitas organizações, a pressão por resultados imediatos, aliada a uma cultura organizacional focada no curto prazo, pode dificultar a criação de um ambiente que priorize o desenvolvimento humano e o bem-estar dos colaboradores. Além disso, alguns líderes podem não ter sido treinados para exercer um estilo de gestão voltado para o desenvolvimento de pessoas, e isso pode limitar suas habilidades para reter talentos de forma eficaz.

No entanto, esses desafios também representam oportunidades de crescimento. Organizações que investem no desenvolvimento de suas lideranças colhem os frutos de uma cultura organizacional mais forte, um maior engajamento dos colaboradores e uma redução significativa no *turnover*. Programas de capacitação em liderança, *coaching* e mentoring podem ajudar a transformar líderes medianos em líderes excepcionais, capazes de influenciar positivamente suas equipes e a organização como um todo.

O papel da liderança na diminuição do *turnover* é inegável. Uma liderança eficaz, focada em desenvolvimento, *feedback*, empatia e confiança, tem o poder de transformar a experiência dos colaboradores dentro da empresa, criando um ambiente no qual as pessoas desejam permanecer e crescer. Ao investir em práticas de liderança que valorizam o capital humano, as organizações não apenas reduzem os custos associados à alta rotatividade, como também constroem uma cultura organizacional mais saudável, engajada e resiliente. Em última análise, a chave para a retenção de talentos reside na capacidade dos líderes de inspirar, conectar e desenvolver aqueles que os cercam.

LIDERANÇA
AUTÊNTICA E A
NEUROCIÊNCIA

LIDERANÇA AUTÊNTICA E A NEUROCIÊNCIA

A liderança autêntica pode ser vista como um processo neurocognitivo em que a capacidade de influenciar e inspirar os outros emerge da congruência entre as redes neurais responsáveis pela autoconsciência e empatia. Quando um líder se alinha profundamente com sua própria identidade e valores, ativa regiões do cérebro ligadas à autorreflexão e tomada de decisões morais, como o córtex pré-frontal medial. Ao mesmo tempo, a empatia, processada em regiões como o córtex cingulado anterior e a ínsula, permite que esse líder compreenda e se conecte emocionalmente com os liderados. Nesse estado de congruência neurológica, o cérebro sustenta uma liderança autêntica, em que a transparência e a integridade geram confiança e ressonância emocional, permitindo uma influência mais profunda e genuína.

Sob a ótica da neurociência, reflete uma integração harmoniosa entre processos cognitivos e emocionais que geram influência genuína. Para entender essa dinâmica, é fundamental considerar duas redes neurais chave: a rede do autocontrole e a rede da empatia.

Primeiramente, a rede do autocontrole envolve áreas como o córtex pré-frontal medial, que desempenha um papel crucial na autorreflexão e no alinhamento de ações com valores internos. Quando um líder tem clareza sobre quem ele é e age de acordo com seus princípios, ele está utilizando esse sistema cerebral para ajustar suas decisões com base em sua visão de mundo e integridade pessoal. Isso evita dissonância entre as ações e os discursos, criando uma base de autenticidade.

Em paralelo, a rede da empatia compreende estruturas como a ínsula e o córtex cingulado anterior, que são ativadas quando sentimos ou entendemos as emoções dos outros. Um líder autêntico não apenas reconhece sua própria identidade, mas também consegue se conectar profundamente com os sentimentos e necessidades de sua equipe. Ao integrar as emoções dos outros no processo de tomada de decisão, ele constrói confiança e reforça o senso de pertencimento no grupo.

É essa sinergia neurológica que distingue a liderança autêntica de outras formas de liderança. Ao ativar simultaneamente as regiões do cérebro associadas à autoconsciência e à empatia, o líder não apenas guia com convicção, mas também com uma compreensão profunda e emocionalmente ressonante de seus liderados.

Essa interação tem raízes evolutivas profundas: líderes autênticos são mais eficazes em criar laços sociais robustos, uma vez que seus comportamentos são percebidos como consistentes e confiáveis, algo essencial para a cooperação e a sobrevivência em grupos humanos.

Portanto, a liderança autêntica pode ser vista não apenas como uma construção moral ou social, mas como um fenômeno neurobiológico que facilita a coesão e o desempenho de grupos.

Por fim, a neurociência sugere que a autenticidade não é simplesmente um traço fixo, mas algo que pode ser cultivado. Práticas como a meditação e o treinamento de inteligência emocional podem fortalecer as redes neurais ligadas à autoconsciência e empatia, permitindo que mais líderes desenvolvam essa capacidade de maneira mais consciente.

CONSIDERAÇÕES FINAIS

Ao longo das páginas deste livro, exploramos os desafios, as oportunidades e as infinitas possibilidades de uma liderança que vai além das fronteiras tradicionais. Liderar no mundo atual não é mais apenas uma questão de comando e controle; é uma jornada contínua de crescimento, empatia e transformação. O verdadeiro líder é aquele que, antes de tudo, se compromete a inspirar e a capacitar os outros, criando ambientes onde todos possam prosperar.

A liderança em ascensão é um convite para romper barreiras: as barreiras da autossuficiência, do medo de delegar, da falta de compreensão em relação às diferenças culturais, étnicas e religiosas. O líder que busca a ascensão está sempre em busca do aprendizado contínuo, reconhecendo que o sucesso não é um ponto final, mas um caminho que se constrói diariamente, com cada decisão, cada palavra de encorajamento e cada gesto de respeito.

Ao longo desta jornada, vimos que a diversidade é a chave para a inovação, que a empatia é o alicerce das relações humanas e que a autenticidade é o que realmente cativa e inspira. Ser um líder autêntico é permitir que sua humanidade brilhe em suas ações, suas palavras e em sua forma de guiar os outros.

No coração da liderança está a capacidade de ouvir profundamente, de aprender constantemente e de servir incansavelmente. É por meio dessas qualidades que um líder não só constrói carreiras bem-sucedidas, mas também deixa um legado duradouro e impactante.

Se há uma lição central que você deve carregar deste livro, é que ser um líder é ser um farol de possibilidades. É abrir caminhos onde outros veem obstáculos, é trazer luz onde há incerteza e, acima de tudo, é criar um ambiente em que todos possam se tornar a melhor versão de si mesmos.

Chegando ao fim desta leitura, é hora de refletir sobre como você deseja moldar sua liderança. O mundo está mudando, as demandas estão evoluindo, e o papel do líder nunca foi tão crucial. A liderança em ascensão começa com você — em cada conversa, em cada ação e em cada escolha que faz. A liderança é uma arte, e como toda obra de arte, ela nunca está completa; está sempre em movimento, sempre evoluindo.

Que sua jornada como líder seja uma ascensão constante, guiada pela empatia, impulsionada pela diversidade e alimentada pelo desejo inabalável de inspirar e transformar o mundo ao seu redor.

Você não está apenas liderando. Você está ascendendo. Agora, o palco é seu, brilhe, contagie e inspire com o que tens de melhor.

GLOSSÁRIO

Accountability (Responsabilização) – a prática de assumir responsabilidade pelos resultados das próprias ações e decisões, essencial para criar confiança dentro da equipe.

Autenticidade – a prática de ser fiel aos próprios valores e princípios, agindo com integridade e coerência em todas as interações.

Colaboração – a prática de trabalhar em conjunto com outras pessoas ou equipes, promovendo o intercâmbio de ideias e recursos para alcançar objetivos comuns.

Comunicação eficaz – a capacidade de transmitir informações de forma clara, concisa e inspiradora, garantindo que a mensagem seja compreendida e motivando a ação.

Cultura organizacional – o conjunto de valores, crenças e comportamentos que moldam o ambiente de trabalho e influenciam como as pessoas interagem e trabalham juntas.

Desenvolvimento pessoal e profissional – o processo contínuo de aprimoramento de habilidades, conhecimento e atitudes que contribuem para o crescimento como líder e indivíduo.

Diversidade e inclusão – a valorização e promoção de diferentes perspectivas, culturas e experiências dentro da equipe, criando um ambiente onde todos se sentem respeitados e incluídos.

Empoderamento – o ato de conceder autonomia, responsabilidade e poder de decisão aos membros da equipe, promovendo o crescimento individual e coletivo.

Ética – o conjunto de valores e princípios que guiam o comportamento de um líder, assegurando que suas decisões sejam moralmente corretas e justas.

Feedback construtivo – a prática de fornecer informações úteis e específicas sobre o desempenho de alguém, com o objetivo de ajudá-lo a melhorar.

Inovação – a introdução de novas ideias, processos ou produtos que ajudam a melhorar o desempenho e competitividade de uma organização.

Inteligência emocional – a capacidade de reconhecer e gerir as próprias emoções e as emoções dos outros, essencial para uma liderança eficaz.

Liderança inspiradora – um estilo de liderança que motiva e engaja os membros de uma equipe a partir de exemplos e ações positivas, criando uma visão que os outros desejam seguir.

Liderança servidora – um estilo de liderança que coloca as necessidades dos outros em primeiro lugar, com o objetivo de ajudá-los a crescer e se desenvolver.

Mentoria – o processo de orientação e aconselhamento proporcionado por um líder mais experiente, a fim de desenvolver o potencial de futuros líderes ou membros da equipe.

Propósito – o sentido de significado ou missão que guia as ações de um líder, conectando seus esforços pessoais e profissionais a um objetivo maior.

Resiliência – a habilidade de enfrentar adversidades, superar desafios e continuar avançando rumo aos objetivos, mantendo a motivação e otimismo.

Tomada de decisão – o processo de escolher o melhor curso de ação entre várias alternativas, com base em dados, intuição e análise crítica.

Transformação – o processo de mudança profunda na forma de pensar e agir, tanto a nível individual como organizacional, muitas vezes conduzido por um líder visionário.

Visão – a capacidade de definir um futuro desejado para a organização ou equipe, inspirando os outros a trabalhar para alcançá-lo.

Esses termos refletem os conceitos-chave abordados neste livro, oferecendo uma base para entender o caminho para o sucesso e a inspiração por meio de uma liderança eficaz e humanizada.

REFERÊNCIAS

Este livro foi desenvolvido a partir de uma ampla pesquisa sobre os principais temas relacionados à liderança, gestão de pessoas, desenvolvimento organizacional e inovação. As obras a seguir, junto a pesquisas direcionadas e artigos de revistas especializadas, forneceram a base conceitual para os temas explorados neste livro, como inteligência emocional, visão de futuro, empoderamento de equipes e inovação no contexto da liderança moderna.

COVEY, Stephen R. *Os 7 Hábitos das Pessoas Altamente Eficazes.* Rio de Janeiro: Best Seller, 2015.

Esse livro clássico serviu de inspiração para a construção dos hábitos de liderança e desenvolvimento pessoal mencionados em *Liderança em ascensão: o caminho para a inspiração e o sucesso.*

DRUCKER, Peter F. *O Gestor Eficaz.* São Paulo: HarperCollins, 2019.

Os princípios de gestão e organização mencionados no livro baseiam-se nas ideias de Drucker sobre eficácia e responsabilidade.

GOLEMAN, Daniel. *Inteligência Emocional:* A Teoria Revolucionária que Redefine o que é Ser Inteligente. Rio de Janeiro: Objetiva, 2007.

A obra de Goleman foi fundamental para a abordagem de Inteligência Emocional, essencial para lideranças eficazes.

GREENLEAF, Robert K. O *Líder Servidor:* A Transformação do Poder. São Paulo: Editora Negócio, 2008.

O conceito de liderança servidora, discutido amplamente em *Liderança em ascensão: o caminho para a inspiração e o sucesso*, foi inspirado na obra seminal de Greenleaf.

HEIFETZ, Ronald A., Grashow, Alexander & Linsky, Marty. Leadership in a (Permanent) Crisis. *Harvard Business Review*, 2009.

Este artigo influenciou a discussão sobre resiliência e liderança em tempos de incerteza e mudança constante.

SINEK, Simon. Comece pelo Porquê: Como Grandes Líderes Inspiram Ação. Rio de Janeiro: Alta Books, 2012.

As ideias de Sinek sobre propósito e visão inspiraram a construção da liderança inspiradora apresentada neste livro.

APÊNDICES

Este apêndice tem como objetivo fornecer ferramentas práticas, exercícios e recursos complementares que ajudam o leitor a aplicar os conceitos discutidos ao longo deste livro. Aqui, você encontrará exemplos de dinâmicas de grupo, atividades de autoconhecimento e modelos de comunicação eficaz que podem ser usados tanto por líderes em desenvolvimento quanto por aqueles que já estão em posições de liderança.

APÊNDICE A: EXERCÍCIOS DE AUTOCONHECIMENTO PARA LÍDERES

1. Avaliação de forças e fraquezas

Faça uma autoavaliação detalhada, listando suas principais forças e fraquezas como líder. Reflita sobre como você pode capitalizar suas forças e trabalhar para minimizar as fraquezas.

Perguntas-chave:

Quais são as minhas principais habilidades como líder?

Quais áreas preciso desenvolver para ser mais eficaz?

2. Jornada de propósito pessoal

Reserve um tempo para refletir sobre o seu propósito enquanto líder. O que o motiva a liderar? Quais são os valores fundamentais que guiam suas decisões? Este exercício o ajudará a alinhar sua liderança com seus princípios mais profundos.

Passos:

Defina três valores essenciais.

Descreva como esses valores influenciam seu estilo de liderança.

APÊNDICE B: DINÂMICAS PARA DESENVOLVIMENTO DE EQUIPE

1. Construção de Confiança em Equipe

Realize um exercício em que os membros da equipe compartilham momentos em que se sentiram vulneráveis no trabalho ou em suas vidas pessoais. Esse tipo de atividade pode criar um ambiente de confiança mútua, fortalecendo o vínculo entre os colaboradores.

Objetivo: promover a empatia e aumentar a coesão do grupo.

2. Mapa de Inovação

Organize uma sessão de *brainstorming* em que cada membro da equipe sugere uma ideia inovadora para melhorar um processo ou produto da organização. Ao final, selecione uma ideia para ser implementada como um projeto piloto.

Objetivo: fomentar a inovação e o pensamento criativo dentro da equipe.

APÊNDICE C: MODELOS DE COMUNICAÇÃO EFICAZ

1. Modelo de *feedback* construtivo

Quando fornecer *feedback*, use a estrutura:

- Situação: descreva o contexto específico.
- Comportamento: diga claramente o que a pessoa fez.
- Impacto: explique o impacto do comportamento na equipe ou no projeto.
- Próximos passos: sugira ações ou melhorias para o futuro.

Exemplo:

"Na última reunião, você apresentou os dados com muita clareza (situação e comportamento). Isso ajudou a equipe a entender os resultados rapidamente e a tomar decisões mais precisas (impacto). Continue organizando suas apresentações dessa forma (próximos passos)".

2. Técnicas de escuta ativa

A escuta ativa é fundamental para uma liderança eficaz. Para praticá-la:

- Mantenha contato visual.
- Reflita o que ouviu dizendo: "Então, o que você está dizendo é..."
- Pergunte por clarificações sempre que necessário, mostrando interesse genuíno.

APÊNDICE D: FERRAMENTAS PARA RESOLUÇÃO DE CONFLITOS

1. Método dos 4 Passos para Resolução de Conflitos

- Identificar o problema: cada parte deve expor o problema de forma clara.

- Explorar as causas: entender as motivações por trás do conflito.

- Gerar opções: ambas as partes sugerem possíveis soluções.

- Implementar uma solução: decidir qual abordagem será aplicada e acompanhar os resultados.

2. Acordos de convivência em equipe

Desenvolva com a sua equipe um conjunto de "Acordos de Convivência", em que todos participam na criação de regras básicas sobre como lidar com desentendimentos e manter a harmonia no ambiente de trabalho.

APÊNDICE E: RECURSOS ADICIONAIS PARA ESTUDO E APLICAÇÃO

1. Livros recomendados sobre liderança:

O Monge e o Executivo, de James C. Hunter

A Coragem de Ser Imperfeito, de Brené Brown

Líderes se Servem por Último, de Simon Sinek

2. Podcasts sobre desenvolvimento pessoal e liderança:

HBR Ideacast

The Tony Robbins Podcast

Coaching for Leaders

3. Ferramentas de avaliação de liderança:

MBTI (Myers-Briggs Type Indicator)

DISC Assessment

Testes de Inteligência Emocional.

Este apêndice visa dar suporte prático ao leitor, facilitando a transição do conhecimento teórico para a aplicação real no contexto de liderança e desenvolvimento de equipes.

A liderança é chama que acende,
Um farol em mar tempestuoso,
Guiar é mais que um ato, é mente,
É coração, um olhar corajoso.

Não é domínio pela força ou medo,
Mas pelo exemplo que planta raiz,
A mão que acolhe, afasta o segredo,
Mostra o caminho e faz-se aprendiz.

Líder é quem ouve as palavras do calado,
Vê o talento que o mundo não viu,
Ergue quem cai, ampara o cansado,
Segue a verdade, mesmo que hostil.

A arte maior não é estar à frente,
Mas inspirar, servir, abrir o trilho,
E saber que cada semente,
Faz da jornada um andar compartilho.

Ser líder é ser ponte e não muro,
É manter a paz, mesmo na dor,
É transformar o hoje em futuro,
Com firmeza, respeito e amor.

Assim quem lidera não anda sozinho,
É voz, é verso, melodia de união
Pois a liderança é mais que um caminho,
É a vida em sua mais nobre missão.

Fábio F. S. Guimarães